智 中
库 社

国家智库报告 2018（28）
National Think Tank

新时代中非友好合作

郑和远航非洲与21世纪海上丝绸之路

李新烽 郑一钧 著

ZHENG HE'S VOYAGES TO AFRICA AND THE 21ST CENTURY
MARITIME SILK ROAD

中国社会科学出版社

图书在版编目(CIP)数据

郑和远航非洲与 21 世纪海上丝绸之路 / 李新烽,郑一钧著. —北京:
中国社会科学出版社,2018.8
(国家智库报告)
ISBN 978 - 7 - 5203 - 2993 - 4

Ⅰ.①郑… Ⅱ.①李…②郑… Ⅲ.①郑和下西洋②海上运输—丝绸
之路—中国—21 世纪 Ⅳ.①K248.105②K203

中国版本图书馆 CIP 数据核字 (2018) 第 184931 号

出 版 人	赵剑英
项目统筹	王 茵
责任编辑	喻 苗
特约编辑	范晨星
责任校对	王佳玉
责任印制	李寡寡

出　　　版	中国社会科学出版社
社　　　址	北京鼓楼西大街甲 158 号
邮　　　编	100720
网　　　址	http://www.csspw.cn
发 行 部	010 - 84083685
门 市 部	010 - 84029450
经　　　销	新华书店及其他书店

印刷装订	北京君升印刷有限公司
版　　　次	2018 年 8 月第 1 版
印　　　次	2018 年 8 月第 1 次印刷

开　　　本	787×1092 1/16
印　　　张	14
字　　　数	141 千字
定　　　价	65.00 元

充分发挥智库作用
助力中非友好合作

当今世界正处于大发展、大变革、大调整时期。世界多极化、经济全球化、社会信息化、文化多样化深入发展，和平、发展、合作、共赢成为人类社会共同的诉求，构建人类命运共同体成为各国人民共同的愿望。与此同时，大国博弈激烈，地区冲突不断，恐怖主义难除，发展失衡严重，气候变化凸显，单边主义和保护主义抬头，人类面临许多共同挑战。中国是世界上最大的发展中国家，人类和平与发展事业的建设者、贡献者和维护者。2017 年 10 月中共十九大胜利召开，引领中国发展踏上新的伟大征程。在习近平新时代中国特色社会主义思想指引下，中国人民正在为实现"两个一百年"奋斗目标和中华民族伟大复兴的"中国梦"而奋发努力。非洲是发展中国家最集中的大陆，是维护世界和平、促进全球发展的重要力量之一。近年来非洲在自主可持续发展、联合自强道路上取得了可喜进展，从西方人眼中"没有希望的大陆"变成了"充满希望的大陆"，成为"奔跑的雄狮"。非洲各国正在积极探索适合自身国情的发展道路，非洲人民正在为实现"2063 年议程"与和平繁荣的"非洲梦"而努力奋斗。

中国与非洲传统友谊源远流长，中非历来是命运共同体。中国高度重视发展中非关系，2013 年 3 月习近平主席担任国家主席后首次出访就选择了非洲；2018 年 7 月习近平主席连任国家主席后首次出访仍然选择了非洲；5 年间，习近平主席先后 4 次踏上非洲大陆，访问坦桑尼亚、南非、塞内加尔等 8 国，向世界表明中国对中非传统友谊倍加珍惜，对非洲和中非关系高度重视。2018 年是中非关系的"大年"，继习近平主席访问非洲之后，中非合作论坛北京峰会将于 9 月召开，这是中非合作论坛史上的第三次峰会。中非人民对此充满热情和期待，国际社会予以高度关注。此次峰会必将进一步深化中非全面战略合作伙伴关系，推动构建更为紧密的中非命运共同体，成为中非关系发展史上又一具有里程碑意义的盛会。

随着中非合作蓬勃发展，国际社会对中非关系的关注度不断加大，出于对中国在非洲影响力不断上升的担忧，西方国家不时泛起一些肆意抹黑、诋毁中非关系的奇谈怪论，诸如"新殖民主义论""资源掠夺论""债务陷阱论"等，给中非关系发展带来一定程度的干扰。在此背景下，学术界加强对非洲和中非关系的研究，及时推出相关研究成果，讲述中国在非洲的真实故事，展示中非务实合作的丰硕成果，客观积极地反映中非关系，向世界发出中国声音，显得日益紧迫重要。

中国社会科学院以习近平新时代中国特色社会主义思想为指导，按照习近平总书记的要求，努力建设马克思主义理论阵地，发挥为党和国家决策服务的思想库作用，努力为构建中国特色哲学社会科学学科体系、学术体系、话语体系作出新的更大贡献，不断增强我国哲学社会科学的国际影响力。我院西亚非洲研究所是根据当年毛泽东主席批示成立的区域性研究机构，长期致力于非洲问题和中非关系研究，基础研究和应用研究并重，出版发表了大量相关著作和论文，在国内外的影响力不断扩大。

为了服务国家外交大局，配合即将召开的中非合作论坛北京峰会，西亚非洲研究所与国际合作局共同组织编写了《新时代中非友好合作智库报告》。这是一套系列智库报告，包括一个主报告和八个分报告。主报告《新时代中非友好合作：新成就、新机遇、新愿景》总结了党的十八大以来，中非双方通过共同努力，在政治、经贸、人文、和平安全等合作领域取得的伟大成就，分析了中国特色社会主义进入新时代为非洲发展和中非合作带来的新机遇，展望了未来中非友好合作的新愿景和重点对接合作领域。分报告包括：《中非直接投资合作》《"一带一路"倡议与中非产能合作》《中非减贫合作与经验分享》《中非人文交流合作》《中非和平与安全合作》《中国与肯尼亚友好合作》《中资企业非洲履行社会责任报告》和《郑和远航非洲与 21 世纪海上丝绸之路》。它们分别从不同领域和角度详细阐述了中非合作取得的成就，面临的问题和挑战，以及未来发展合作的建议。主报告和分报告相互联系，互为一体，力求客观、准确、翔实地反映中非合作的现状，有利于增进人们对中非关系的认识和了解，为新时代中非关系顺利发展提供学术视角和智库建议。此外，这套智库报告英文版将同时出版，主要面向非洲国家和国际社会，向世界表明中非友好合作完全符合双方 26 亿人民的根本利益，完全顺应世界和平稳定与发展繁荣的历史潮流。

这套智库报告从策划立项到组织编写，再到印刷出版，前后只有 5 个月，时间紧，任务重，难免有缺憾和疏漏之处。例如，非洲国家众多，但国别合作报告只有一本《中国与肯尼亚友好合作》，略显单薄，如果至少有 5—10 本类似的国别合作报告，那么整套智库报告将会更为全面，更为丰满，希望将来有机会弥补这一缺憾，能够看到更多的中非国别合作报告。相信在国内非洲学界的共同努力下，我国的非洲研究和中非关系研究将不断攀登新高峰，从而更好地服务国家战略，助力新时代中非友好合作全面深入发展。

中国社会科学院副院长

蔡　昉

2018 年 8 月

摘要：郑和远航非洲，是明初中国作为世界强国，开展大国外交，实现与海外诸国"共享太平之福"，覆盖到际天极地国度的标志。实现郑和航海的这一终极目标，是人类历史上的空前壮举，离不开当时中国先进的舟船技术与航海保障，以及对三条横渡印度洋直达非洲新航线的开辟。这使郑和远航非洲成为中国古代海上丝绸之路最高发展阶段的主要标志之一，对今天构建21世纪海上丝绸之路具有重要的借鉴和现实意义。近一二十年来在非洲发现郑和部属后裔，是当年郑和船队一艘船只在肯尼亚帕泰岛沿岸触礁后，逃难船员与当地人通婚后世代繁衍的后人。通过对帕泰岛"中国村"的探访，这些后裔不仅在肤色、相貌上有异于原住居民，而且至今仍顽强保留着中国文化传统，念念不忘自己的中国血统，利用祖传的中医药术服务当地民众……这批郑和船队遇难船员及其后代，成功融入非洲社会，是"移民"非洲的首批华人，将华人移民非洲的时间提前了二三百年，同时把华人最早移民非洲的地点从非洲岛国转移到非洲大陆，即从毛里求斯改变到肯尼亚，具有十分重要的学术意义。其所传颂的中非友谊的佳话，与当代中国对非政策一脉相承，有力驳斥了西方针对中非关系散布的所谓"新殖民主义论"，使所谓的"中国威胁论"不攻自破。这对促进中非共建21世纪海上丝绸之路，以更好地造福中国人民和非洲人民，推动人类命运共同体的构建，具有极其重要的历史与现实意义。

关键词：郑和；远航非洲；后裔；中国威胁论；21 世纪海上丝绸之路

Abstract: Zheng He's Voyages to Africa in the Ming Dynasty successfully implemented the Ming court's foreign policy of sharing the blessings of peace with overseas countries, regardless of how faraway they were. The unprecedented feat of Zheng He's fleet would have been impossible had it not been for an advanced shipbuilding technology, a support system for oceangoing voyages, and the opening up of three new routes to Africa across the Indian Ocean during Ming times. Zheng He's voyages symbolize a prime period of the ancient Chinese Maritime Silk Road, which is still of instructive and practical value for constructing the 21st Century Maritime Silk Road. In the past decade or two, descendants of Zheng He's crew were discovered in Africa. Survivors of a shipwreck off the coast of Pate Island, Kenya, settled there, married locals and had descendants of the Chinese origin. Those who live in the Chinese Village on Pate Island not only have an appearance that is different from aboriginal inhabitants, but they also retain the Chinese cultural traditions, for in their heart they never forgot that they were of Chinese descent. They also serve locals with the traditional Chinese medicine. The descendants of Zheng He's crew, the first Chinese immigrants in Africa, have successfully integrated into local society. The discovery of their presence in

Africa has moved the history of Chinese immigration into Africa two to three centuries earlier than originally thought, and changed the earliest settlement of Chinese immigrants from the island to the African continent, namely from Mauritius to Kenya, which is of great academic significance. The story of the eulogized China-Africa friendship, consistent with China's contemporary policy toward Africa, strongly refutes the notion of "neo-colonialism" put forward by Western countries, making it self-evident that the so-called "China threat theory" is ill-founded. The long-standing China-Africa friendship, as is illustrated in Zheng He's voyages and the stories of the descendants of his crew, is of great historical and practical significance for promoting construction of the 21st Century Maritime Silk Road between China and Africa to benefit both the Chinese people and the African people, and to accelerate the building of a community of a shared future for humankind.

Key Words: Zheng He, Voyages to Africa, Descendants, China Threat Theory, 21st Century Maritime Silk Road

目　　录

习近平主席提出的"一带一路"倡议，是在新的时代条件下，总结中国特色社会主义建设伟大实践而提出的宏伟战略构想，目的是更好地把中国特色社会主义建设事业推向前进，与世界各国构建人类命运共同体。正如中国特色社会主义建设道路是从中国的国情出发，源于中国的历史与文化，"一带一路"之所以能极大地促进中国特色社会主义建设事业的发展，推动人类命运共同体的构建，也在于它根植于中国古代的海、陆丝绸之路。就海上丝绸之路而言，发生于15世纪初期的郑和下西洋，大大发展了自汉代以来形成的海上丝绸之路，广泛地发展与亚非国家间政治、经济、文化和科技各个方面的友好关系与相互交流，在汲取中国传统文化优点及长处的基础上，展现于郑和下西洋的全过程中，塑造着海上丝绸之路的新面貌，将古代海上丝绸之路提升至最高的发展阶段。郑和远航非洲，便是这一阶段的主要标志之一。本报告通过历史与现实相结合的研究，阐述郑和远航非洲与共建21世纪海上丝绸之路对构建人类命运共同体的重要意义。

第一章　郑和出使非洲的历史背景

第一节　郑和七下西洋的时代背景

（一）明初综合国力的增强为郑和下西洋奠定了物质基础

综观中国历代封建王朝的兴衰，一代盛世多出现于新王朝建立的初期，明朝作为中国封建社会后期一个重要的朝代，在建立之初，也曾一度有过辉煌的时期。1368 年正月，原农民起义军领袖朱元璋在南京登上皇帝宝座，宣告了明帝国的建立。然而，朱元璋从蒙古贵族手中夺来的江山，呈现出的却是一片不幸与苦难的景象。元朝末年，由于封建统治极其腐败，加上连年灾荒，社会经济已陷入全面崩溃的境地。广大农村田园荒芜，城乡百业凋敝，流民如潮，少则数十万，多则数百十万，大江南北，哀鸿遍野，饿殍满路。到朱元璋即位之时，在经历了近二十年的战乱之后，广大农村更是一片荒榛，人烟断绝。能否改变这种极为严重的社会残破局面，关系着新创国家的存亡。以朱元璋为首的明朝统治者，为了巩固新建立的政权，果断采取了一系列恢复和发展农业生产、扶植工商业的措施，以促进社会经济的复苏。

经过元末农民战争以后，土地兼并趋势得到缓和，一方面，明朝廷下令把农奴和奴婢解放为自由民，限制官私奴婢的数目，招抚流民，让他们返乡务农，于是自耕农的数量大大增加了，为恢复农业生产创造了有利条件。另一方面，又下令减省徭役，使广大农民安心于男耕女织，努力从事农业生产。对那些"不事生产而游惰"和私自藏匿外地的"莠民"，"皆迁之远方"，以示惩戒。如此一来，从事农业生产的人口迅速增多，以致已耕田地不敷使用。在这种情势下，朱元璋又实行了积极的垦荒政策，大力开垦荒地，移民屯田，规定凡是荒芜田地，一律不承认旧有的地权，凡垦荒成熟即归垦荒者所有，垦荒多者得地也多，少者得地则少。同时，在垦荒过程中，进一步限制土地兼并。尤其是规定对新垦荒地免征税粮，这是一种更为优惠的政策。在一系列鼓励垦荒政策的推动下，广大耕农大力垦荒，洪武元年（1368）全国垦荒之数为180多万顷，到洪武二十六年（1393）就翻了几番，激增至850余万顷，辽阔的农村出现了"骎骎无弃土"

的兴旺景象。

水利是农业的命脉，为发展农业生产，朱元璋十分重视农田水利建设，屡下明诏，规定地方官凡遇百姓提出兴建水利，都必须即时报告。洪武二十七年（1394），又分遣国子监生及水利技术人才巡行天下，督修水利。洪武二十八年（1395），据地方报告，各处共新开塘堰40987处，新挖河渠40162处、河道4162条、陂渠堤岸5048处。明初水利建设的显著特点是：大、中、小各项工程应有尽有，遍布全国各地，不仅是农村经济较发达的地区，包括广西、宁夏等少数民族聚居的落后边远地区都在兴修水利。明初大力发展水利建设，对促进农业经济的发展取得了显著的成效。

在开垦荒地、兴修水利、增加粮食生产的同时，明初统治者还大力提倡改良土壤和革新农具，积极培植和发展农村副业，推广经济作物的种植。早在洪武建国前两年，即在所辖之地下令凡农民有田5亩至10亩者，必须种植桑、麻、木棉各半亩，10亩以上的按比例加倍，不种桑者罚绢1匹，不种棉麻者罚棉麻各1匹。洪武元年（1368）更在全国实行这一政策。洪武二十四年（1391）令天下卫所屯军士兵，随地所宜，每人种植桑树、枣树100株，并兼种柿、栗、胡桃之类。洪武二十五年（1392），令凤阳、滁州、泸州、和州等地农民，每户种桑 200 株、枣 200 株、柿 200 株。洪武二十七年（1394），下令民间如有空闲之地，鼓励种植桑、麻、木棉，并一律免征赋税。由于实行这些政策，在盛产桑棉的地区，丝织和棉纺成为农民主要的副业，每年生产大量的丝织品和棉织品以供国内外的需要。洪武时期，曾连年向各地驻军赏赐大量棉布、棉花、战袄等，各地每次赏赐之数，都以数十万计，可见当时棉花生产和棉织业的兴盛。

手工业在明初的经济发展中也占有重要位置。朱元璋曾明令各行"工技专于艺业"，规定诸工匠在应役之外，允许个人自由从事商品生产，鼓舞了手工业者的生产热情，也刺激着他们发挥各自的智慧和创造性，努力提高产品的工艺水平和推出新产品。随着手工业产品花色品种的增多和质量的提高，手工业产品的销路逐渐扩大，手工业生产的门路也就越来越广，于是吸引了越来越多的人加入手工业者的队伍。据洪武年间的统计，全国共有匠户 232089 名，为明初手工业按部门进行一定规模的生产经营准备了雄厚的技术力量。在明朝廷努力经营之下，具有资本主义萌芽因素的矿冶、纺织、陶瓷、造船、造纸和印刷等工业部门，当时都有较大的发展。官方在全国各铁、铜产地设立冶炼所，进行大规模的生产；同时鼓励民间开采冶炼，每 30 分仅抽税 2 分，民间开办的冶铁、炼铜等小矿业，如雨后春笋般在全国各地纷纷兴起。在原料充裕的情况下，全国一些大城市，特别是在经济较发达的东南各城镇，建立起很多丝织厂，广招工人，使用提花机等进行生产。明初规定苏、松、杭、嘉、湖五府织造，都有常额。为适应生产上的需要，这些地方传统的"男耕女织"式的家庭纺织业，逐步向具有一定规模的纺织工场发展。当时，杭州经济实力较强的工场主一般都有四五台杼机，雇工十数人。陶瓷业发展尤为迅速，形成了大规模的手工工场，出现了像景德镇这样举世闻名的瓷器生产中心——拥有官窑、民窑三千余所，年产品种繁多的精美瓷器数以百万计。造船业继续处于世界领先水平，在江苏、浙江、福建、江西、湖广，乃至东北吉林、黑龙江等地都设有造船厂，而以位于南京龙湾的龙江船场规模最大，能制造载重千吨以上性能良好的远洋巨舶。

明初对发展商业相当重视，对经商实行了一系列保护性的措施。针对元代的弊政，洪武十三年（1380）裁撤了全国的税课司局354所，改由各府州县直接征税，税率很低，规定"凡商税三十取一"。农具以及军民嫁娶丧葬之物、舟车丝布之类全部免税。当时，在农业和手工业得到迅速发展的情况下，有丰富的商品供应市场，更促进了商业经济的繁荣。明初，不仅一些大城市商贸相当发达，就是一些中小城镇也都呈现一派商贾云集、买卖兴旺的景象。

洪武时期农、工、商业的迅速发展，促进了明初社会经济的繁荣，一个昌盛的明帝国开始在东方崛起。虽然，朱元璋侈行分封，导致建文帝执政时，中央与各地诸王的矛盾激化，爆发了一场"靖难之役"，但经过此役，朱棣夺取政权，从而使朱元璋开创的大业得以进一步巩固和发展。明成祖朱棣同明太祖朱元璋一样，都把振兴经济、令家给人足，视为治国根本大计。朱棣曾颇为感慨地说，若"使四海皆给足"，自己进餐时，即或没有丰盛的美食，没有乐队来助兴，也会感到快乐。如果说明太祖朱元璋是在元末农民战争所造成的累累创伤的基础上，力求国家臻于富强，那么，明成祖朱棣所面临的，则是在国家经历了"靖难之役"的浩劫之后，去恢复和发展各项生产事业，以促进社会经济的复苏和繁荣。朱棣即位以后，继续执行洪武时期一系列的"安养生息"的政策。长达近四年之久的"靖难之役"，给洪武时期以来初步繁荣的社会经济造成了严重的破坏，也给人民带来沉重的负担，尤其在战区，所遭受的破坏更是惨重。为了使百姓能够安养生息，朱棣所实行的一些恢复和发展生产的措施，比朱元璋更注意到"宽猛适中"。针对一些皇亲国戚、文武群臣和地方官吏不顾朝廷三令五申，任意加重百姓负担的行为，朱棣以身作则，努力给予纠正。朱棣在颁布施政方针时，再三强调文武群臣不要有负于明太祖朱元璋"创业之艰"，要继续执行明太祖"安养生息"的治国方针。朱棣曾郑重声明："朕当守成之日，正安养生息之时。"通过一些事例，说明他是言行一致的。朱棣刚来南京亲政时，居处之后宫被建文帝于败亡时焚毁，东宫也全被拆掉，却没有大兴土木、建造新宫。所以，当楚王桢要求资助兴造私邸时，朱棣不答应，要他对王府中宫室损坏之处，姑且让护卫之人随时修葺，等到丰年之时，然后量力调拨军民为之。朱棣还告诫楚王桢说："天下初定，众心未安，劳困未苏，兼旱蝗相仍，民苦寒馁。安养休息，方在此时。"嗣后，当他闻知代王桂劳民伤财，擅自大兴土木，立即予以制止，同时以此为例，下令"自今王府非得朝命，不许擅役一军一民，及敛一钱一物，不听从者有罚。"此外，朱棣一再严令各地方官"毋横敛一钱，毋妄兴一役"。他经常派遣御史视察民间疾苦，考核各郡县长吏贤否，惩办那些肆意加重百姓负担的官吏。与此同时，对受战争影响较大的地区，蠲免赋税。像北平顺天、永平、保定三府，因战争期间供给军需特别劳民，得免田租二年。至于赈济灾荒，鼓励农民垦田，令官给耕牛农具种子并免赋税等措施，洪武时行之有效，朱棣依然一一遵行。

明太祖朱元璋曾实行屯田制，有力地促进了农业生产的增长，到永乐时期，民屯、军屯都有了新的发展，收效更为显著。除了移民屯田和招募屯田两种形式外，永乐初年还多次迁徙罪囚屯田。朱棣更重视的是发展军屯，战事一结束，即命五军都府移文各都司，令卫所屯田如旧制，年终以其交粮的多少，分别给予奖励或惩罚。永乐初年，又进一步制定了赏罚制度，还在各屯田处所设置红牌，把赏罚条例逐一书写在上面，敦促屯田军士恪守。这种赏罚制度，是因地制宜而实行的，随耕地的土质肥瘠不同，定出不同标准的岁收之数，肥田多收，薄田少收，较为合理，更有利于发挥屯田军士的生产积极性。为了增加军屯的员数，对于那些调离原卫所从事其他工作，以及犯法被罚到边疆充军的军士，都命令他们复回原卫所屯田。为了加强对军屯的管理工作，朱棣多次派遣官吏分赴各地妥善安置屯田军民，整理屯种事务，改善经营方式，更定军士屯守的数目等。经过一系列的努力，永乐时期的军屯在发展中逐渐形成了一套完整的制度。军屯制度的完善，又极大地推动了军屯事业的发展。当时，从大江南北，到边陲地区，乃至沿海卫所，都有屯田。大力发展屯田事业，带来了巨大的经济效益。永乐时期，军屯所获，不仅很大程度上节省了军费开支，减轻了人民负担，而且军屯税粮又成为明朝财产收入的一个重要来源。

　　水利建设事业，在永乐时期有了很大的发展。洪武时期大力兴修水利，对发展农业生产曾起到十分重要的作用，朱棣极力要尽快恢复和发展农村经济，自然十分重视兴修水利，搞了不少重大的水利工程。如修治疏导吴淞江，就是其中之一。永乐元年（1403），浙西一带发生了严重的水灾，刚登帝位的朱棣，深以吴淞江水患为忧，即命户部尚书夏原吉前往治理。夏原吉日夜筹划，疏浚吴淞江下游，上接太湖，度地为闸，以时蓄泄，使苏淞一带农田得以旱涝保收，当地百姓获益匪浅。此外，一些地方官吏还主持兴修了不少水利工程。当时，山东东阿县西南有一大片积水，使当地饱受涝害，知县贝秉彝根据地势高低，凿渠将积水引入大清河，使水洼干涸，得沃壤数百顷，地方百姓大获其利。明初的农业生产，在永乐时期有了更大的发展，这与当时举国上下重视兴办水利有很大的关系。

　　永乐时期的工商业也发展得很快。洪武时期获得一定发展的矿冶、纺织、陶瓷、造船、造纸等各项生产事业，由于郑和下西洋，以及遣使四方各国发展对外交往所产生的客观需要，不仅经营规模扩大了许多，并且在各地又增添了不少新的工场。商业的发展继续得到明成祖朱棣的大力扶持，照旧实行洪武以来"三十税一"的轻税政策。"靖难之役"结束后，一些遭受战乱祸害，百姓流徙，商贩罕至的地方，朱棣下令免征两年商税，以利商业复苏。在迁都北京以后，于皇城四门钟鼓楼等处各盖铺房，称为"廊房"，招商引资，鼓励各地商贩来京城营业。迁都北京以后，为便于南粮北运，重新开通济宁至临清的会通河，又引汶水、泗水入运河，从此南北通航，行商往来大为便利。这有力地促进了运河沿岸淮安、济宁、东昌、临清、德州、直沽等地商业的发展，一时之间，商贩聚集，四方百货交易量成倍增长。工商业的振兴，促成了中小城镇向大城市的转化，作为全国商业集散中心的 33 个大城市，在永乐年间开始形成，全国各地商业贸易日趋繁荣。

由于明成祖朱棣进一步执行了明太祖的治国方针，全力促进农、工、商业的发展，迅速医治好了战争的创伤，使明代在洪武时期社会经济初步繁荣昌盛的局面，至永乐朝趋向鼎盛。"是时宇内富庶，赋入盈羡，米粟自输京师数百万石外，府县仓廪储积甚丰，至红腐不可食。"[①] 在永乐一朝，全国人口、税粮征收、丝棉布帛等征收的数字，都创下了明朝近三百年中的最高纪录。在中国漫长的封建社会里，汉朝有过"文景之治"，是为封建社会初期的盛世；唐朝曾出现"贞观之治"，素称封建社会中期的盛世；明成祖朱棣在位

---

① 《明史》卷78《食货志·赋役》。

的 22 年间，社会经济高度繁荣，内政外交成绩卓荦，成为明代的极盛时期，也不愧为封建社会后期的盛世。

明成祖朱棣即位以来，在大力发展社会经济的同时，政治上继续实行中央集权，消除诸王的割据势力，使封建皇权进一步强化，并从各个方面加强了对边疆地区的经营管理。明成祖朱棣执政以后，自始至终，为国家的统一、边疆的巩固，进行了不懈的努力。在南方，派遣沐晟、张辅等率军反击安南的入侵，进而讨平安南，设置交趾布政使司；命顾成等率部平息了贵州地区的叛乱，设置贵州布政使司。在西方，则封诸西僧为法王、国师、西天佛子等，以羁縻西藏，并分遣使者去宣慰抚喻西域诸国。沿海一带，命总兵刘江大破倭寇，缘海设防。辽东方面，则创置建州、海西诸卫，以控制女真诸部，并建立奴儿干都司，陆续增设卫所，进一步加强了东北边防。在北方，从永乐八年至永乐二十二年（1410—1424），明成祖朱棣亲自率军出征，大举讨伐蒙元遗族鞑靼瓦剌，迫使鞑靼瓦剌向西北退却，北边由是奠安。明成祖朱棣在维护祖国统一，开拓、经营和巩固边疆方面的功绩，是远在其父朱元璋之上的。在文教方面，明成祖朱棣办学校，兴教育，阐扬传统文化，不遗余力，在历史上做出了重大的贡献，其主要标志，就是卷帙浩繁的《永乐大典》的纂修。所有这些，充分说明明成祖朱棣不愧为中国历史上比较英明的、具有雄才大略的君王，是明太祖朱元璋建国大业的当然继承者。正因为如此，在洪武以来国内搞得较好的基础上，凭借着明帝国的强大实力，明成祖朱棣高瞻远瞩，有心于追溯历代盛世中帝王的业绩，进而向往在海外树立威望，享有盛名，在临御之年，中国出现为历代所未有的"万邦来朝"的太平盛世。

（二）郑和下西洋适应了时代发展和维护国家统一的需要

永乐十四年（1416）四月初六，为纪念郑和第四次下西洋归来，明成祖朱棣为刚落成的南京天妃宫之纪念碑撰写了碑文，开宗明义，向世人道出了有志于发展与海外诸国关系的宏愿："仰维皇考太祖高皇帝，肇域四海，幅员之广，际天所覆，极地所载，咸入版章。中外怀柔，幽明循职，各得其序。朕丕承鸿基，勉绍先志，罔敢或怠，抚辑内外，悉俾生遂，夙夜兢惕，唯恐弗逮。恒遣使敷宣教化于海外诸番国，导以礼仪，变其夷习。"① 在 15 世纪初期，中国是世界上社会文明程度较高，文化科技高度发达的国家。永乐盛世的出现，在世界范围内，把东方的物质文明与精神

---

① 郑鹤声、郑一钧：《郑和下西洋资料汇编》（增编本）上册，海洋出版社 2005 年版，第 533 页。

文明提到一个新的高度，成为当时世界文明的一个重心。在当时的中国，成熟、发达的礼仪，是中华文明发展程度较高的一个重要标志。海外诸小国，当时还处于相当落后的社会发展阶段，越是远离亚欧大陆的海外小国，其文明发展的程度相对越低，不少地方还处于未开化的原始部落状态。处于这种社会形态，是没有什么礼仪可言的。在中国古代的传统观念中，礼仪是文明与野蛮的分界标志，在中国古代有关"礼"或"礼仪"的文献中，有许多这方面的论述。如《曲礼》中讲："鹦鹉能言，不离飞鸟。猩猩能言，不离禽兽。今人而无礼，虽能言，不亦禽兽之心乎？夫唯禽兽无礼，故父子聚麀。是故圣人作，为礼以教人。使人以有礼，知自别于禽兽。"① 《冠义》中讲："人之所以为人者，礼义也。"② 这里讲的人与禽兽的分界线，实际就是文明与野蛮的分界线。作为一代雄主的永乐大帝，高瞻远瞩，意识到中国作为一个先进大国，对还很落后的"海外诸番国"，应负有"教化"的责任，应以中国先进的精神文明与物质文明影响他们，走到他们中去教导他们，使之懂得礼仪，改变其野蛮落后的"夷习"，以与中国共享太平之福，从而令海

---

① 《礼记·曲礼上第一》，杨天宇译注《礼记译注》上册，上海古籍出版社 2016 年版，第 3 页。

② 《礼记·冠义第四十三》，杨天宇译注《礼记译注》下册，上海古籍出版社 2016 年版，第 987 页。

内外都得益于这千载难逢的盛世。在中国历代有作为的封建帝王中，无论是秦皇汉武，还是唐宗宋祖，都没有谁能像明成祖这样，强烈地意识到中国应对海外落后国家进行教化，以促使其由野蛮向文明转变，并不断提高其文明的程度，促进其社会的进步。明太祖朱棣能够这样去想、这样去做，绝非偶然，而是有其历史和时代背景的。

在明成祖朱棣执政的 15 世纪初，中国封建社会经历了近两千年的发展，社会母体内已孕育着资本主义的萌芽。当时，世界历史也处于由封建社会向资本主义社会过渡的前夜。时代要求人们逐渐打破地域和民族的界限，在物质生活和精神生活上日益具有世界性。明成祖朱棣致力于加强和扩大与世界各国的联系，正是符合了时代的要求，与稍后西方早期殖民者不同的是，明太祖朱棣加强中国与海外诸国的联系，不是奉行殖民掠夺的方针，而是传承文明，发扬中华民族热爱和平、历来就愿与外界友好交往的优良传统，对海外诸国实行了睦邻友好的方针。加之在明朝永乐年间，中国这个文明古国、礼仪之邦，进入封建社会后期的鼎盛时期，更重要的是，明成祖时期中国对外还算是开放的。当具备了这种精神条件和物质条件，又充分利用了中国和海外诸国间长期进行政治、经济、文化等交流的成果，在中国造船业、航海技术高度发达和具有悠久航海传统的基础上，当明成祖朱棣将自己在海外谋求发展的宏图全权委托郑和去实施之际，郑和作为世界大航海时代的先行者就应运而生。郑和"上荷圣君宠命之隆，下致远夷敬信之厚，统舟师之众，掌钱帛之多，夙夜拳拳，唯恐弗逮"，"竭忠于国事"①；以其卓越的才能、英勇无畏的献身精神，领导了七下西洋的伟大壮举。郑和下西洋不仅在航海活动上达到了当时世界航海事业的顶峰，比欧洲航海家要领先许多年，而且在忠实地执行明成祖朱棣赋予的使命的过程中，为发展中国与亚非国家之间在政治、经济和文化上的友好关系，做出了伟大的贡献，在 15 世纪初期人类文明发展史上写下了光辉的篇章。

自进入阶级社会以来，中国历代统治者为防御外族入侵，都很重视边防。举世闻名的万里长城，就是为防御匈奴而修建的。明代以前，外族大规模入侵，几乎都是从内陆西北、东北边境而来。中国的海岸线虽然很长，海岸以内的腹地却极其广阔；中国的北、东、南三面，都有海洋像屏障一样包围环绕着中原。历代以来，中国周边沿海国家均比中国落后，综合国力较中国相差甚远，又为造船水平和航海技术所限，无力从海上对中国进行大规模和持久的侵略。大海成

---

① 郑和等：《天妃之神灵应记》，郑鹤声、郑一钧《郑和下西洋资料汇编》（增编本）上册，海洋出版社 2005 年版，第 18 页。

了一道天然的屏障，所以明代以前，历代有海而无防，导致历代统治者"重陆轻海"，从不担忧海外国家会对国家和封建统治造成什么威胁。况且与中国为邻的沿海国家太少，仅朝鲜、日本、越南而已。东南亚各国与中国之间隔着浩瀚的南海，就显得远了一些。在中国历代封建王朝的兴盛时期，不乏热衷于开疆拓土的帝王，但他们都致力于在内陆开拓疆域；在他们看来，中国周边沿海国家和海外民族，得其地不能创造什么财富，得其民也成不了什么大事，不值得为之耗费财力人力去经略。从这一立场出发，历代帝王在关注海外贸易之外，再没有兴趣去考虑国家在海洋上还有其他什么利害关系。

中国在海洋上平安无事的局面，在元朝时开始受到冲击，来自日本的倭寇，当时不断地骚扰中国沿海。倭寇即日本以掠海为生的武士。倭寇很早以来就有抢掠中国沿海的劣迹，到了元朝时期，与中国的冲突升级，开始成为中国沿海的边患。这与元朝初期曾一度用兵于日本有一定关系。在元世祖忽必烈执政期间，曾连续六次派使臣去日本，想通过"诏谕"来达到使日本"臣服""朝贡"的目的，但都未能奏效。忽必烈并不就此终止，在至元十一年（1274）和至元十八年（1281）两次出动大军东征日本，结果遭到日方的顽强抵抗，又遇上暴风雨，使元军大部分葬身海底。

两次东征的失败，迫使元朝统治者放弃以武力征服日本的方略，转而禁止日商来华贸易，或对来华日商提高抽分比率，作为对日本的惩罚手段。元朝对日商采取遏制政策，自然引起日商的不满，从而不断与元朝官方发生冲突，同时不可避免地要祸及百姓。1307年、1309年日商连续两次在宁波与地方官吏发生冲突，制造了烧毁官衙、烧掠民居的恶性事件。日商一旦对元朝官方采取这种极端的泄愤和报复手段，便一发不可收，逐渐形成对中国沿海长期的掳掠，其危害程度虽不及明代的倭患，但已扰乱了中国海疆的安宁，成为明代倭寇问题的发端。

在元代，中国沿海个别地方虽然发生日商侵扰的事件，但总的来说，沿海地区还算是安宁的，没有出现让元朝廷感到震惊的严重局面。中国在海洋上基本平安无事的局面，到明朝初期发生了很大的变化。明初洪武、建文时期及永乐初年，中国沿海地区出现了历史上从未有过的"多事之秋"，中国与周边海外国家的关系一度相当紧张。在西南沿海，由于安南黎氏政权对占城和中国西南边疆肆无忌惮地进行侵略扩张，攻城略地，杀戮百姓，造成了中南半岛以及中国西南沿海地区严重的紧张局势。安南自宋朝以来，陈氏为王，世代称藩于中国。明朝建国之初，洪武二年（1369）六月，安南国王陈日煃即遣大臣来朝贡，并请封爵。明太祖朱元璋于是封陈日熞为安南国王，要他忠于职责，维护陈氏政权。同年十二月，朱元璋对建国三年以来，在海外诸国中安南最先来中国朝贡表示赞赏。直到洪武末年，陈氏各王都能恪守祖训，与中国友好相处，中国西南沿海倒也平安无事。当然，在数十年间，中国与安南之间没有任何摩擦也是不可能的，即或偶尔有安南侵扰中国西南边境的事件发生，明朝廷也不愿事态扩大，兴师问罪，仅限于发一纸文书诘责，同时不接纳安南的朝贡，以示警诫。

洪武十四年（1381）六月，朱元璋以安南出兵攻掠广西思明府永平等寨为由，拒受安南的贡品，并致书安南国王陈炜，对安南入侵广西之事进行谴责，同时诏令广西布政司不得接纳安南入贡。在明朝廷表明了这种态度之后，安南就有所收敛，事态也就没有继续扩大。在洪武时期，安南与邻国占城之间时有兵争，明朝严守中立，对任何一方要求给予军事援助都严加拒绝，同时劝告双方罢兵，息事宁人。在明朝的劝告之下，两国都有所收敛，双方冲突没有进一步激化，发生大规模的战争。

洪武时期西南边境相对平静的局面，到建文时期就全被破坏。建文二年（1400），安南国相黎季犛父子篡夺王位，改国号曰大虞，在国内横征暴敛，实行残酷统治，对外大肆侵略扩张，不仅攻劫占城，杀人掠畜，欲灭其国，而且将侵略矛头指向中国，相继侵占广西思明府禄州、西平州、永平寨及云南宁远州猛慢等七寨。直至永乐初年，由于安南黎氏政权肆无忌惮地对外侵略扩张，造成了中南半岛以及中国西南边疆严重的紧张局势，直接破坏了南海地区的安宁。在东南沿海及南海诸岛屿，当时各种反明势力活动十分猖獗。从洪武元年（1368）开始，浙江昌国县兰秀山反明武装集团屡次叛乱，攻入象山县，生擒县官，当地居民也被劫掠一空；叛乱失败后，余党逃往高丽等海外国家，成为明朝新政权的心腹之患。更有方国珍、张士诚的余党及与之有着千丝万缕联系的豪强地主这一部分反明势力，人数不太多，能量却很大，经常以沿海岛屿为据点，渡海攻城劫掠，在沿海地区骚扰捣乱；或与其他反明团伙串通一气，联络海外国家，共同与明朝廷相抗衡。

为了解除种种来自海上的威胁，明太祖朱元璋采取了一些对策。洪武三年（1370），明朝刑部遵照朱元璋的旨意审决了自高丽引渡回来的兰秀山叛民陈君祥等，给予逃往海外的反明势力一定的打击。洪武四年（1371）十二月七日，朱元璋又命令将方国珍旧部和兰秀山无田粮而充船户的居民共111730人分隶各卫为军，加以羁束，并借以加强明朝海军的力量。与此同时，禁止沿海居民私自出海。洪武十四年（1381）

十月十八日，为防止沿海奸民私通倭寇，朱元璋又对一些易遭到倭寇侵袭的沿海城寨下令，禁止沿海居民在各城寨间私自往来，并在当地增设卫所，加强对倭寇的防御。同时进一步厉行海禁，甚至不许出海捕鱼。唐宋以来，浙江、福建、广东沿海居民以及部分当地守军，纷纷靠贩海经商赢得厚利，有的从中牟取暴利成为一方富豪霸主，而海外诸国商贾与他们进行贸易，盈利也很可观。在元末纷乱时期，沿海商贾及居民贩海经商更不受官方的拘束管制，盈利较从前更为丰厚。

一旦明朝建立，明太祖朱元璋唯恐异己势力通过海路在"外邦"找到避难之所，进而与海外国家相勾结，来危害明朝的建国大业。朱元璋为此实行海禁政策，对中外的海上民间贸易加以各种限制，遂断海民衣食之源，又绝豪富海商发财之机，自然要激起海商和海民们强烈的反明情绪。尤其是浙江舟山群岛兰秀山居民，因其位处东南沿海与海外交通的冲要之地，历来活跃于海上，从海外经商中获得厚利，更是不能忍受明朝廷的海禁政策。在兰秀山居民数次颇有规模的叛乱失败以后，虽有明朝廷的严厉镇压和三令五申，但兰秀山居民仍违禁出海，一直难以禁遏。明朝廷无计可施，只得采取清野之策，在洪武二十年（1387）干脆废除在舟山群岛所设的昌国县，将岛上居民全部迁往内地。明朝洪武时期实行的迁海政策，不仅针对舟山群岛，而且施于东南沿海浙江、福建、广东各省有人居住的海岛。洪武中期开始实行的迁海政策，前代未曾搞过，没有历史经验可供借鉴，加之这是一种御敌之策，其开创者明开国皇帝朱元璋又是以为政严苛令属下不敢怠慢，所以地方当局在实施迁海政策时就过于偏激，反而造成不良后果。

乾隆时编纂的《乾隆通志》中，对当时的一些情形作了记载。在洪武中期，福建右卫指挥李彝在当地大肆索贿，贪得无厌，老百姓甚为怨恨。当时有福清人林扬，一向崇尚气节，不畏权势，于是便率领乡亲们起来抗争。李彝大为恼怒，利用朱元璋唯恐沿海奸民以海岛为据点与海外国家相勾结的心理，在隐瞒当地民众"闹事"的事实真相的同时，将当地海岛位置分布形势绘制成图，上奏朝廷，并别有用心地说："海坛山本来是一座孤岛，向海外只需一昼夜便可到达琉球，而到内地最近的城镇东城却要航行三昼夜"云云。朱元璋听罢先是一惊，再细看所上海图，就更不放心了，于是下旨道："各省孤岛，对人民的生计既然没有什么用处，又被其他人用来为非作歹，可以将当地居民尽行迁往连山城附近居住，由官府给官田让他们耕种，给宅舍居住。"居民迁徙，如果官府能够妥善安排，应该不会有什么大问题，问题就在于当时官府在执行迁海政策时，过于严苛，对岛民来说，简直是祸从天降。在接到朱元璋关于迁海的命令后，福建、广东省官府即命令沿海各岛及澎湖三十六屿居民，限在三天之内迁往内地，迟到者处死。举家渡海迁徙，又不给渡船，只给三天时间，过时就要处死，这对那些仓促之间找不到渡船的人来说，简直就是要他们的命。为了活命，那些没有船的居民，只得把家里的房梁、门板、床板等都拆下来，编成木筏渡海，木筏经不起风浪，无数岛民因为木筏倾覆而被大海吞噬。

　　浙江强行迁海的做法也相当苛刻霸道。浙江宁波、台州、温州滨海都有一些较大的岛屿，明朝初期，位于这些岛屿上的城镇，其规模有的相当于内地城市的一半，有的相当于内地城市的 3/10，都是一些大姓在此聚居。当时，汤信国奉朱元璋之命巡视海疆，怕这些岛屿会引来倭寇，于是强令当地居民迁往内地城市，中午以前迁走，原有身份不变，中午以后才迁，就要去充军。朱元璋实行迁海政策，本是为了防御倭寇，如果在迁徙过程中能妥善安置诸岛民，应该不会激起岛民们的反抗，可是地方当局反其道而行之，在执行迁海政策时，采取了一些极端严厉苛刻的措施，就不能不激起诸岛民们对朝廷强烈的不满。其中有些人不惜铤而走险，勾结海外国家，尤其是与倭寇相勾结，或联合武装走私，或混迹于倭寇及海盗之中参与劫掠，不仅为患浙、闽、粤沿海地区，而且干扰了中国与海外诸国传统的交通往来。

在明朝初年，一些犯事亡命之徒逃往海外，纠众滋事，严重损害了明帝国在海外的利益，使明朝廷深切地感受到来自海上的挑战。在东南沿海海盗猖獗的同时，洪武十三年（1380），胡惟庸案发生。胡惟庸及其党徒为了颠覆朱明政权，不仅与蒙元遗族私通，而且与倭寇相勾结，企图借助他们的兵力，发动一场里应外合的政变。明朝廷内部发生的这一内外勾结、旨在颠覆中央政权的重大事件，因为与海外岛国日本直接有关，所以在海外产生了一定的影响，以致波及东南亚地区。当时，受胡惟庸事件的影响，三佛齐（在今印度尼西亚苏门答腊岛，其都城在今苏门答腊岛巨港一带）对中国顿生异心，哄骗明朝的信使，肆行敲诈。此事虽然让明朝廷感到愤怒，但由于当时朱元璋还无意于向海洋上发展，又为海上实力所限，所以对三佛齐也未曾兴师问罪。明朝廷在海外的威望由此进一步下降，加以海路不畅，中国与海外各国的关系从此更疏远了。在这种情况下，朱元璋也始终没有通过积极的外交努力来改善中国与海外诸国的关系，这样一来，到洪武末年时，中国与东南亚及南亚沿海30国之间，商旅为之受阻，信息也不能相通，商贸和外交关系处于瘫痪状态。面对着国门冷落的状况，当时的官员们，对好久不见海外诸国来朝贡都颇有一种失落之感。

　　明朝建国以来在与海外诸国的关系上所遇到的一系列困难，以及所面临的来自海上的挑战，到明成祖朱棣执政之时，仍是有增无减。建文四年（1402）九月，朱棣登基称帝才三个月，就有从东南沿海国家返回的使臣向他报告：海外诸国多数分居在海岛之上，中国军民中的一些无赖之徒暗中与他们相勾结，成了地地道道的海寇。朱棣在得到这一情报的同时，社会上又纷纷扬扬地传言建文帝已逃亡到海外，这不能不使朱棣虑及若建文帝果真在海外，有可能会借助这帮海寇的力量，联络建文帝的余党，并利用建文帝在一部分人心目中的正统影响和号召力，进一步扩张，在海外建立复辟基地。在明朝建国之前，与海外国家交通往来，从事海上贸易，曾是朱元璋的宿敌张士诚、方国珍能与朱元璋争雄的财政基础；明朝建立以后，张士诚、方国珍的余党，以及其他一些与朱明政权作对的集团和团伙，仍以交结海外国家，或在海外建立据点与明朝廷相抗衡。因此，建文一派势力如在海外建立复辟基地，完全可能联络海外与朱棣政权相敌对的各种势力，并可像当年张士诚、方国珍那样从贩海经商中获得财力支持，进而与国内拥护建文帝的社会力量重新组合，形成卷土重来之势。

　　明成祖朱棣执政之初，在海洋上面临这样严峻的形势，是历代帝王所不曾遇到的。这种形势迫使朱棣不能不把视线转向海洋，为稳固自己的皇权统治计，朱棣既不能允许一切异己势力在海外有立足之地，也不能听任海外贸易的巨大经济利益落入敌对分子之手，同时还要使明王朝在海外享有较高的声望。事实已经证明，像其父朱元璋只是消极地实行"海禁"政策无济于事，朱棣只有另图良策。唯一可行的，就是像在国内建立和巩固自己的皇权统治那样，在政治、经济、外交、文化、军事各个方面都在海外有所作为，全方位地迎接来自海上的各种挑战，实现海内外大一统的太平盛世。

在这种思想指导之下，郑和奉朱棣的旨意出使海外，就实施了海陆一体化的海洋发展方略。由于实行这一方略，郑和在下西洋近30年时间里，抓住历史发展带来的这一机遇，努力迎接来自海上的各种挑战，在亚非沿岸各国中广泛开展了政治、经济、外交、文化等各方面的活动，在军事上也进行了3次大的战役，同时在海洋探险上做出了很大的努力，不仅为明王朝解除了来自海上的威胁，而且取得了多方面的成就，概括地讲，政治上主要是建立了亚非国家间的和平友好局势，树立了中国在海外的威望；经济上发展了亚非诸国间的国际贸易，带来了海上丝绸之路最为繁荣的历史时期；外交上使中国与海外各国的关系得到空前的发展，在中国对外关系史上写下了光辉的篇章；军事上的胜利使海路畅通，海外各族人民得以安居乐业；文化方面主要向亚非各国敷宣了中国的教化，传播了中国先进的生产技术和医疗技术，并增进了中国人民对亚非国家的认识和了解。所有这些，在使中国的国际威望得到空前提高的同时，也对国家的统一大业做出了重要的贡献。郑和七下西洋，勇敢地迎接来自海洋上的挑战，所取得的一系列成就，不仅在中国历史上，而且在世界历史上也是前所未有的。

第二节　郑和出使远赴非洲的动机

（一）郑和远航非洲为实现奉使海外的终极目标

郑和下西洋时期，郑和使团对非洲各国的访问，在整个下西洋的事业中，有着特殊的重要意义。与"中华绝远"的海外国家建立友好交往，既是明朝廷派遣郑和下西洋的终极目标，也是郑和出使远赴非洲的动机。宣德六年（1431），郑和于最后一次下西洋出国之前，率船队主要领导成员，亲自撰写并建立了《天妃灵应之记》碑，对下西洋事业作了一次历史性的总结。碑文开宗明义，道出了下西洋的宗旨："皇命混一海宇，超三代而轶汉唐，际天极地，罔不臣妾，其西域之西，迤北之国，固远矣，而程途可计。若海外诸番，实为遐壤，皆捧琛执贽，重译来朝。皇上嘉其忠诚，命和等统率官校旗军数万人，乘巨舶百余艘，赍币往赉之；所以宣德化而柔远人也。"① 由此可见，郑和下西洋主要目的之一，就是要把明王朝的声威和德望远播到当时航海所能及的"际天极地"的国家和地区；而这是"超三代而轶汉唐"，为以往任何一个盛世所不及的，是前无古人的伟业。

综观郑和使团重要成员马欢、费信的记述，也都表达了同样的思想。马欢在《纪行诗》中曾这样歌咏郑和下西洋的伟绩："忽鲁谟斯近海傍，大宛米息通行商。曾闻博望使绝域，何如当代覃恩光。""俯仰堪舆无有垠，际天极地皆王臣。圣明一统混华夏，旷古于今孰可伦。"② 费信在其《星槎胜览》一书序言中，也道出郑和下西洋就是要使明王朝的声威远播，凡"舟车所至，人力所通"，"际天所覆，极地所载，莫不咸归于德化之中。普天之下，率土之滨，罔不悉归于涵养之内"。③ 马欢诗中提到的忽鲁谟斯即今伊朗霍尔木兹海峡的克歇姆岛，大宛（冯承钧认为：原文疑是大

---

① 郑和：《天妃之神灵应记》，郑鹤声、郑一钧《郑和下西洋资料汇编》（增编本）上册，海洋出版社 2005 年版，第 18 页。
② 马欢：《纪行诗》，郑鹤声、郑一钧《郑和下西洋资料汇编》（增编本）上册，海洋出版社 2005 年版，第 535 页。
③ 费信：《星槎胜览·序》（两卷本），郑鹤声、郑一钧《郑和下西洋资料汇编》（增编本）上册，海洋出版社 2005 年版，第536 页。

食，传写者妄改大宛。笔者同意此观点）实为大食之误，指西亚阿拉伯国家，米息即今埃及，都属"天妃灵应之记"中所说"实为遐壤"的"海外诸番"。郑和下西洋是由近及远，最终致力于同极其遥远的海外国家沟通交往。以当时的海洋地理知识，及所继承的自汉以迄宋元的航海遗产，非洲沿海各国，便是这样的国家。在永乐初年的国内外形势下，为实现同非洲国家的沟通和交往，郑和使团是经过了充分的准备，棋分两步来走的，第一步棋是先在东南亚和南亚打开局面，建立东南亚和南亚沿海国家间之区域和平局势，打通进入西亚和非洲沿海的海道，消除了后顾之忧，始走第二步棋，去沟通与西亚和非洲各国间的交往。

为解决明帝国在发展与海外诸国关系上所面临的一系列矛盾和问题，郑和不辞艰辛，统率着当时世界上最庞大的船队，三次下西洋，多次往返于东南亚和南亚沿海各国之间，在"宣德化而柔远人"的同时，"其蛮王之梗化不恭者，生擒之；其寇兵之肆暴掠者，殄灭之"，东南亚和南亚沿海地区动乱不安的局面终于结束，"海道由是而清宁，番人赖之以安业"，[①] 在恢复了中国与东南亚、南亚各国之间友好关系的同时，

----

① 郑和：《娄东刘家港天妃宫石刻通番事迹碑》，郑鹤声、郑一钧《郑和下西洋资料汇编》（增编本）上册，海洋出版社 2005 年版，第536 页。

发展与西亚和非洲海外远国的友好关系便被提到议事日程上来。

据郑和等所立《娄东刘家港天妃宫石刻通番事迹碑》以及《天妃灵应之记》碑对历次下西洋的记载，自永乐三年（1405）第一次下西洋以来，经过近10年的准备，到永乐十二年（1414）第四次下西洋时起，每次均往忽鲁谟斯以至西域诸国。以最远访问非洲东部沿海国家为标志，郑和下西洋前三次与后四次明显分为两个阶段，在前一个阶段航海均以古里为限，航迹不出东南亚和南亚的范围；在后一阶段的航海中，郑和船队经过南洋群岛，横渡印度洋，取道波斯湾，穿越红海，沿东非之滨南下；或者由印度半岛西南岸小葛兰、别罗里港口横渡印度洋，最远到达赤道以南的非洲东部沿岸诸国及马达加斯加岛一带，分艨甚至远达西非沿岸。明朝廷派遣郑和下西洋既然要在海外建立超越以往任何一个朝代的功绩，必须要让明朝的声威和影响达到为前代所不及的国家和地区，这样，郑和舟师远赴非洲在当时就是唯一的选择，势在必行了。

（二）第七次下西洋一次性地访问了亚非各国

明成祖朱棣去世以后，由他的孙子明宣宗朱瞻基所发动的第七次下西洋，一次性地访问了东南亚、南亚、西亚和非洲众多国家，突破了明成祖时远访非洲棋分两步走的局限，这固然由于当时国际形势比较安定，但主要原因还在于明宣宗朱瞻基和明成祖朱棣持有一样的"怀远"理念。明宣宗朱瞻基在《遣使谕西洋古里苏门答剌诸国》一诗中曰："似闻溟海息鲸波，近岁诸番入觐多。杂还象胥呈土贡，微茫岛屿类星罗。朝廷怀远须均及，使者敷恩合褊过。莫惮驱驰向辽远，张骞犹说到天河。"① 其中所表达的"朝廷怀远须均及，使者敷恩合褊过"的观念，正是郑和继第四次至第六次下西洋之后，第七次下西洋仍持续将大航海的终极目的地锁定在非洲的思想基础。这种思想，又是在明朝建国以来，从朱元璋、朱棣到朱瞻基一脉相承的大一统的世界观指导之下产生的。所以说，郑和舟师远赴非洲，也是明朝在与世界联系中所持有的大一统的世界观指导下进行大航海的必然结果。

---

① 朱瞻基：《大明宣宗皇帝御制集》卷二十二《遣使谕西洋古里苏门答剌诸国》，明内府钞本。

第二章　郑和远航非洲的深远意义

第一节　郑和"舟师"大舽与分舽
三路赴非洲

（一）郑和船队从海外到非洲的分舽航线及从中国到达非洲的航海贸易路线各有三条

郑和使团结束在西亚诸国的访问之后，继续前进，就将远航的目标锁定在西南方的大陆，对神秘而遥远的非洲国家进行史无前例的访问。郑和使团访问非洲，一是从印度洋西海岸沿岸经西亚航行到非洲；二是从印度西海岸横渡印度洋到非洲；三是从苏门答剌国经溜山横度印度洋到非洲。其从西亚沿岸航行的船队，在到阿丹、天方等国访问后，按原路返回亚丁，经亚丁湾，过曼德海峡，沿索马里的北海岸，往东北再经过须多大屿（索科特拉岛）、葛儿得风（瓜达富伊角）

和哈甫泥（哈丰角），从而到达非洲东海岸各国。这部分分舻，沿非洲东北岸南下，依次航经木儿立哈必儿（即哈丰角以南约 60 海里的马贝尔角 [Raas Macdar]，是一处濒临海岸 40 米的陡岸斜坡上升至 118 米的崎岖岬角）、黑儿（今索马里努加尔州 [Nugaal Region] 的埃勒）、抹儿干别（今索马里东海岸摩加迪沙东北的马雷格）、木骨都束（今非洲东海岸索马里首都摩加迪沙）、竹步（在今索马里的朱巴河口一带）、卜剌哇（今索马里南部的布腊瓦，又译布拉瓦 [Brava]）等地，与郑和、王景弘访问非洲的大舻船队会合。

在郑和第四次出使中，要完成比前三次出使更多的使命，其中以完成对非洲沿岸国家的访问为当务之急，所以郑和在到达以前航海的终点古里后，对下一步往古里以西新的航程，策划最多的是怎样以最近的航程、用最短的时间去非洲访问。要做到这一点，就不能仅沿印度洋沿岸西行，必须另辟蹊径，开辟横渡印度洋直达非洲的新航路。郑和舟师横渡印度洋直航非洲的新航路主要有：第一条，自锡兰国别罗里（一说在今斯里兰卡科伦坡南 32 英里之贝鲁瓦拉 [Beruwala]，一说为距加勒港 [Galle] 东南 13 英里之别里加姆 [Belligamme]）南去顺风 21 昼夜，可至卜剌哇国（今索马里东南岸布腊瓦 [Brava]）；第二条，自小葛兰国（今印度南部西岸的奎隆［Quilon］）顺风20昼夜，可至木骨都束国（今索马里首都摩加迪沙）；第三条，自苏门答剌（在今印度尼西亚苏门答腊岛西北端之帕西［Pasè］河畔）经溜山（今印度洋中的马尔代夫群岛和拉克代夫群岛）直航木骨都束。木骨都束和卜剌哇都是当时东非重要的城邦国家。郑和船队主要以这两个国家为直航非洲的航海基地，是有其历史渊源关系的。郑和船队到达非洲的航线虽说至少可以有四条，但因为在这四条航线中，如果有一条是郑和亲率的船队在行驶，那这条航线就成了大䑸的航线，所以，从这个意义上，可以说郑和船队到非洲的分䑸有三路。

郑和下西洋从中国经东南亚，横渡印度洋，到达非洲东岸诸国的航海贸易路线，主要有三条：第一条，自南京龙湾出发，经徐山、附子门至太仓刘家港。自太仓刘家港至福建长乐太平港。自长乐太平港出发，至五虎门张帆，顺风10昼夜可至占城国（在今越南中部，其国港口新州为今越南义平省归仁港）。自占城向正南行，好风8日至龙牙门（今新加坡南海峡入口处之石叻门），往西行2日至满剌加国（在今马来西亚马六甲）。自满剌加顺风9昼夜，可至苏门答剌。自苏门答剌顺风12昼夜，可至锡兰国（今斯里兰卡）港口。自锡兰国往西北好风6昼夜，可至小葛兰国（今印度南部西岸之奎隆［Quilon］）。自小葛兰国顺风20昼夜，可至木骨都束国。第二条，自南京龙湾出发，经徐山、附子门至太仓刘家港。自太仓刘家港至福建长乐太平港。自长乐太平港出发，至五虎门张帆，顺风10昼夜可至占城国。自占城向正南行，好风8日至龙牙门，往西行2日至满剌加国。自满剌加顺风9昼夜，可至苏门答剌。自苏门答剌顺风12昼夜，可至锡兰国港口。自锡兰国别罗里南去顺风21昼夜，可至卜剌哇国。第三条，自南京龙湾出发，经徐山、附子门至太仓刘家港。自太仓刘家港至福建长乐太平港。自长乐太平港出发，至五虎门张帆，顺风10昼夜可至占城国。自占城向正南行，好风8日至龙牙门，往西行2日至满剌加国。自满剌加顺风9昼夜，可至苏门答剌。自苏门答剌经溜山直航木骨都束。这段航程只需25天，便可由苏门答剌驶至木骨都束。船队沿着横渡印度洋的新航线由中国到东非索马里诸地，较之沿印度半岛、阿拉伯半岛海岸而行，经忽鲁谟斯（为波斯湾口之克歇姆岛［Qushm］东部的霍尔木兹［Hormoz］岛，位于阿曼湾与伊朗湾之间，霍尔木兹海峡以北）至东非沿岸，航程由10万余里缩短到3万余里。郑和船队从中国沿印度半岛、阿拉伯半岛海岸而行，经忽鲁谟斯至东非沿岸各国的航程为：自南京龙湾出发，经徐山、附子门至太仓刘家港。自太仓刘家港至福建长乐太平港。自长乐太平港出发，至五虎门张帆，顺风 10 昼夜可至占城国。自占城向正南行,好风 8 日至龙牙门,往西行 2 日至满剌加国。自满剌加国顺风 9 昼夜,可至苏门答剌。自苏门答剌西去 1 昼夜,可至龙涎屿(今印度尼西亚苏门答腊岛北端韦岛北部之巴拉斯岛 [Bras ls.])。自龙涎屿西北行 5 昼夜,可至翠兰屿(今尼科巴群岛)。自翠兰屿西行 7 日见莺歌嘴山,再西北行 2—3 日至锡兰国港口别罗里。自锡兰国别罗里港口顺风 10 昼夜,可至古里国(即印度南部西海岸之科泽科德 [Calicut])。以古里为据点,一支北航波斯湾直达忽鲁谟斯(自古里国顺风 10 昼夜,可至忽鲁谟斯国),或绕阿拉伯半岛经祖法儿(在今阿拉伯半岛东南海岸之佐法尔,自古里国顺风 20 昼夜,可至祖法儿国)、阿丹(今也门共和国之亚丁,自古里国顺风 22 昼夜,可至阿丹国),深入红海,到天方国后再返回亚丁湾到今索马里等东非沿岸各国;一支则北航经波斯湾(经祖法儿国、忽鲁谟斯)、亚丁湾(经阿丹国),过曼德海峡,沿索马里的北海岸到东北方再经过须多大屿(索科特拉岛)、葛儿得风(瓜达富伊角)和哈甫泥(哈丰角),从而到达非洲东海岸的木骨都束、卜剌哇、竹步、麻林、慢八撒诸国;一支则经小葛兰径航东非沿岸的木骨都束、卜剌哇、竹步、麻林、慢八撒等地。郑和下西洋时期,中非之间多条航海贸易路线的开辟,大大地促进了中非航海贸易的发展。

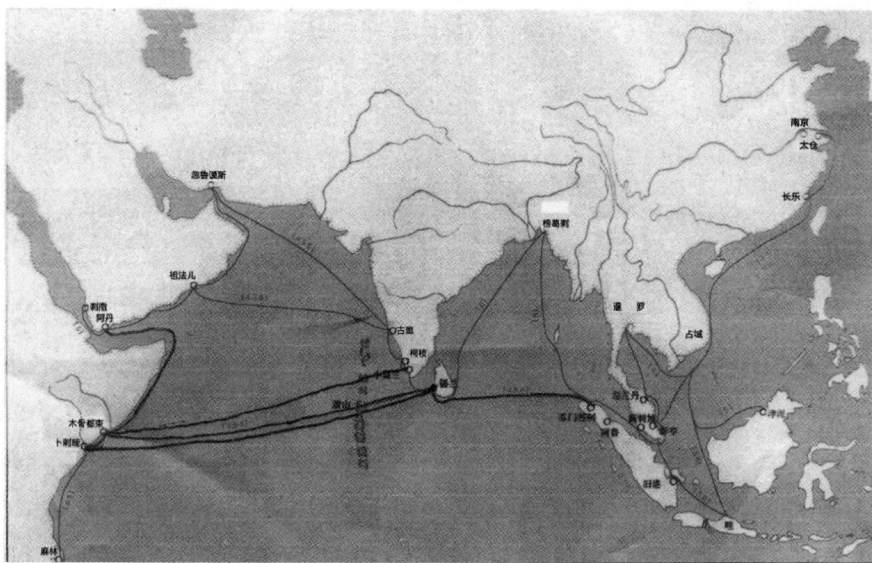

图 1　郑和下西洋赴非洲航线示意图

（二）从小葛兰径航木骨都束是郑和船队横渡印度洋直达非洲的最佳航线

在三条航线中，从小葛兰径航东非沿岸木骨都束的航线，是郑和船队到达古里后，横渡印度洋直达非洲的最佳航线。在送走分赴西亚各国的分艅后，郑和处理完在古里的航海、外交、贸易等事务，然后率领船队从古里来到小葛兰国。在小葛兰国，郑和为船队横渡印度洋做了最后的准备，进一步对船舶进行维修，又给船队补充了一些副食和淡水，趁着印度洋上的东北季风正盛之际，从小葛兰扬帆起航，开始了横渡印度洋的壮举。

印度洋在亚洲、非洲、大洋洲和南极洲之间，是世界第三大洋，总面积7491.7万平方千米，约为海洋总面积的1/5。它的平均深度为3897米，最深为7729米。印度洋北部是封闭的，南段敞开。西南绕好望角，与大西洋相通；东部通过马六甲海峡和其他许多水道可流入太平洋；西北通过红海、苏伊士运河通往地中海。中国古时称印度洋为西洋。郑和率船队七下"西洋"，主要指现在的印度洋。在古希腊时期，著名地理学家、历史学家希罗多德（公元前484—前425年）曾称印度洋为"厄立特里亚海"，意为"红色的海"，这一称呼为古希腊人所接受，初时指的可能就是现在的红海，后来穿过曼德海峡发现还有更大的海域，遂用这个名称泛指整个印度洋。也可能是希腊航海家经过红海进入印度洋时，对红海的颜色印象太深了，因而就"移花接木"，把印度洋也说成是红色的了。到古罗马时期，印度洋被罗马人称为"鲁都姆海"，但这个名字只不过是希腊语"厄立特里亚"的意译，也是"红海"的意思。同一时期，印度洋还被人称为"南海""东海"等。到了公元1515年，欧洲地理学家舍纳画的地图上，把这片大洋改称为"东方之印度洋"。"东方"是站在欧洲人的角度，相对于大西洋来说，当时欧洲知道东方有个印度，是个非常文明和富饶的国家。15 世纪末，葡萄牙航海家达·伽马，绕过好望角，进入这个洋，并找到了印度，就正式把"通往印度的洋"称为印度洋了。印度洋的名称从此渐为人们所接受，成为通用的名称。

印度洋的主体位于北纬 15°与南纬 40°之间，大部分处在热带和亚热带。所以它是一个热带的大洋。气候比较温暖，水温与气温都比较高。盐度也比较高，红海的盐度高达 42‰，是盐度最高的海域之一。印度洋南部，洋流比较稳定，终年维持一个反时针方向的环流。由南赤道流、马达加斯加暖流、西风漂流和西澳大利亚寒流组成。印度洋北部，洋流随着季节变化，冬季受东北季风吹刮，形成逆时针环流；夏季，因强劲西南季风，推动洋流方向又变成顺时针了。

郑和船队驶离小葛兰后，先取西南偏南 210°之航向，行程 2700 里，或航行 4 天半，驶至官屿。官屿即官屿溜，今马尔代夫群岛之马累（Male）岛，在郑和下西洋时，称马尔代夫为"溜山国"或"溜洋国"，因其是郑和船队横渡印度洋必经之地，所以也成了郑和下西洋所访问的主要国家之一。马尔代夫位于锡兰岛（斯里兰卡）西南方 650 千米的海域里，由露出水面及部分露出水面的大大小小近两千个珊瑚岛组成。马尔代夫是印度洋上的"千岛之国"。由北向南经过赤道纵列，形成了一条长长的礁岛群岛地带，非常美丽。两千个岛屿都是因为古代海底火山爆发而形成，有的中央突起成为沙丘，有的中央下陷成环状珊瑚礁圈，点缀在绿蓝色的印度洋上像一串串的宝石，有绿、有淡蓝，海水清澄，犹如人间仙境。散布在 7 万平方千米海域里的两千个珊瑚礁岛，由 19 个礁环组成，陆地的面积仅约 298 平方千米，也就是说每一个珊瑚礁岛的范围应该不会超过两平方千米大小。就算是马尔代夫商业中心兼其首都的马累，面积也只有 1.8 平方千米大，环岛散步大概也用不了 40 分钟。

马尔代夫近两千个岛屿中只有很少数的岛屿有人居住，其余全是无人岛，这些无人荒岛被称为印度洋上人间最后的乐园。由于马尔代夫是由小岛屿组合而成，每个小岛的面积非常有限，所以岛上动物和植物种类不多。岛上拥有多种海鸟，如野鸭、鸬鹚、麻鸠等，一些小岛还可看到灰苍鹭和鹦鹉，但数量并不多，当地人亦会饲养禽畜如鸡、羊、牛等，自给自足。马尔代夫的最大特色，就是其周围的水域拥有超过 700 种的鱼类，以珊瑚鱼居多，它们的颜色、形状、大小不一，千奇百怪，具有很高的观赏价值。马尔代夫当地民族主要为马尔代夫族，伊斯兰教为国教，国语是马尔代夫语（属印度—伊朗语系），同时流行阿拉伯语、僧伽罗语、印地语、乌尔都语等。马尔代夫原来是信奉佛教的国家，古老的国旗是一面红旗。伊斯兰教传入以后，1116 年建立了以伊斯兰教为国教的苏（素）丹国，在红旗上增添了绿色长方形和一弯白色新月。绿色是伊斯兰教尊奉的神圣的颜色，展现生命、进步与繁荣；白色新月象征和平、安宁以及马尔代夫人民对伊斯兰教的信仰；红色则寓意由争取国家主权和独立而献身的民族英雄的鲜血凝成。

郑和使团成员马欢、费信、巩珍等对溜山国作了如下的记述：溜山国番名牒斡，无城郭，倚山聚居，四围皆海，如洲渚一般。地方不广。海中天生石门一座，如城阙样，有八处比较大的岛礁，称八大处，或曰八大溜，八溜各有其名，一曰沙溜，二曰官屿溜，三曰人不知溜（一作壬不知溜），四曰起来溜（或曰起泉溜），五曰麻里溪溜（或曰麻里奇溜），六曰加平年溜，七曰加加溜，八曰安都里溜。此八处都有人居住，有头目管辖，各溜之间可以通商船。再有近两千小窄之溜，当时传说有小溜三千余。

因为流经马尔代夫群岛诸岛屿之间及其周围海域之海流，是六个月向东，六个月向西，然其变换时间，则往往突然而来，难以预测，船舶因此遭漂流或失事，加以此处为一大珊瑚环礁群，对航海更具威胁性，被视为航海的危险海域。巩珍在《西洋番国志·溜山国》中说："其余小溜，尚有三千余处，水皆缓散无力，舟至彼处而沉，故行船谨避，不敢近此经过。古传弱水三千，即此处也。……行船者或遇风水不顺，舟师针舵有失，一落其溜，遂不能出。大概行船，谨防此也。"① 巩珍在这里反复强调此处海域为"弱水"，对航海有极大的威胁，此"弱水"就是指当海流突然变换流向，致使该海域形成巨大的漩涡，将航经此处的舟船卷入海里，导致海难的发生。由于当时不能对此作出科学的解释，便从表面现象上以"弱水"来给予说明。当地的土人也说："此弱水三千也，舟行遇风，失入溜，即溺。"② 此"弱水"在明朝的记载中也称作"软水"，在罗懋登《三宝太监西洋记通俗演义》中有一幅郑和端坐在船上的插图，图框有一行文字曰"软水洋换将硬水洋"，此"软水洋"就是指溜山国一带之危险海域。

郑和船队航经这一危险海域时，随时注意观测海流、风向的变化，谨防驶入"弱水"，得以顺利在官屿溜登岸，对溜山国进行了访问。郑和拜访了溜山国国王优素福，向他赠送了丰厚的礼品，并表达了同溜山国建立友好关系的愿望。优素福对中国使者的来访甚为欣喜，随即派遣使臣随郑和船队来中国访问。郑

---

① 郑鹤声、郑一钧：《郑和下西洋资料汇编》（增编本）上册，海洋出版社 2005 年版，第 289 页。

② （明）郑晓：《皇明四夷考》卷下《溜山传》，郑鹤声、郑一钧《郑和下西洋资料汇编》（增编本）上册，海洋出版社 2005 年版，第 290 页。

和船队在溜山国访问期间，对这个以前只在传闻中听说的国家进行了进一步的了解，并开展了一些贸易活动。溜山国国王、头目和庶民皆是穆斯林，风俗纯美，所行悉遵伊斯兰教教门规矩。人多以渔为业，种椰子为生。男女体貌微黑，男子白布缠头，下围手巾，妇人上穿短衣，下亦以阔布手巾围之，又用阔大布手巾过头遮盖，只露其面。婚丧之礼悉依伊斯兰教教门规矩而后行，与忽鲁谟斯国颇相似。在溜山国一些有人居住的小岛上，还处于原始聚落状态，当地土人皆巢居穴处，以草木叶遮前后，不识菽粟，以鱼虾为食。

　　溜山国的特产有"趴子"（海趴）和"鱼干"。"趴子"为 Cypraea Moneta 与 C. Annulus 两种贝类之壳。马尔代夫群岛海中产这两种小贝无数，每日当海潮低时，当地居民入海采取两次，涉水深及腰间，以采集附着于岩石上之小贝，每人每日所获，有时可多达 12000 余枚。埋入土中，待贝肉腐烂消失，乃将壳取出洗净，盛于椰子叶编成的三角包内运往国外销售。溜山国海商运往暹罗、榜葛剌等国一船趴子，可换回一船多大米，可见其国所产趴子与当地人民日常生活休戚相关。"鱼干"的制作方法是，将溜山海域所产的马鲛鱼每条切成 4 块，再经烟熏，待完全晒干后，名曰海溜鱼，再运往国外销售，或由各国商贩前来收购。"趴子"和"鱼干"的加工技术虽然并不复杂，但说明溜山国渔民已懂得将海产品做进一步加工，作为本地特产出口。

溜山国还广种椰子树，将椰子外皮打成粗细绳索，堆积在一起，等待印度洋沿岸各处番船上的商人前来收买，再卖与别国，作为造船等用。当时印度洋沿岸一些国家造船不用铁钉，而用椰子外皮打成的粗细绳索捆绑。汪大渊《岛夷志略》甘埋里条中记甘埋里（今伊朗南部霍尔木兹海峡中霍木兹〔Hormoz〕岛，一说为今非洲东岸莫桑比克东北海外的科摩罗〔Comoro〕岛）"其地船名为马船，大于商舶，不使钉灰，用椰索板成片。每舶二三层，用板横栈，渗漏不胜，梢人日夜轮戽水不使竭。下以乳香压重，上载马数百匹"，① 即是造船用椰绳索的例子。

溜山国出产龙涎香，渔者常于溜处采得，如水浸沥青之色，嗅之无香，火烧唯有腥气，其价高贵，买者以银钱购买。溜山国还出产一种丝嵌手巾，甚密实长阔，比别处所织的都好。又有一种织金方帕，用于男子缠头，其价有一块卖银5两的。市场买卖通用银钱，王以银铸小钱使用，每个重官秤2分3厘。郑和第四次下西洋途经溜山国，主要采购了一些龙涎香和丝嵌手巾等，系用金银、色缎、色绢、瓷器之类进行买卖和交换。时至今日，在马累博物馆陈列着当地出

---

① 汪大渊著，苏继庼校释：《岛夷志略校释》，中华书局2009年版，第364页。

土的中国瓷器和钱币，反映了历史上中国与马尔代夫的友好往来和贸易关系，其肇始之端，正是郑和船队的这次访问。

在与溜山国进行贸易的同时，船队负责后勤补给的人员又抓紧给各船补充了一些淡水和副食。船队全体人员趁在溜山国停留的机会，利用余暇进行参观游览，充分领略当地独特的旖旎风光；他们从未见过这么碧绿清澈的海水，即使在夜间，也能清晰地看到自由自在游水的鱼儿；也没见过那样白得耀眼的沙滩，即使在黄昏，也能准确地数出在细腻的沙滩上悠哉游哉爬行钻洞的螃蟹。他们陶醉于这座印度洋上的伊甸园中，连日来在印度洋上颠簸的疲劳，此刻都被一扫而光，正可以充沛的精力，去继续横渡印度洋的航程。

结束对溜山国的访问后，郑和船队再从官屿取西偏南 262.5°之航向，向着非洲东岸驶去。在最初的几天，洋面上吹来阵阵的东北风，给郑和船队的成员们还带来一种舒适的感觉，只听得微弱风声在帆绳间吹拂着，大海在阳光下微笑，船队犁海而行。随着时间的流逝，那神秘的非洲一天天靠近了。这样比较顺利地航行了六七天，整个航程也走了将近一半了，风向突然转变。先往东，又向东北，最后再转向北方，而且是毫无目标地乱吹，水手们赶紧配合风向，转动风帆，改变船的航向，力求减少这怪风对航行的不利影响。这奇怪的风不是好兆头，郑和看看东边天际有一条低黑线，立即意识到，那就是暴风要来了，于是下令各船在暴风雨来临之前，快把帆降下来。说时迟，那时快，这里各船刚刚落下帆来，那边天空的景色全都变样了。东边的线已越来越近，这道黑线刹那间演变成一道黑色天幕，顿时四周一片漆黑，怒吼的风声响遍海面。一直微笑的蔚蓝海面，如今竟变成狂乱不已的黑灰色恶魔，满布空中的乌云如同中了魔法般迅速地移动着。眼看着风势越来越狂，夹带着倾盆大雨，掀起了排山倒海似的浪涛。风雨和狂浪扑打着船的甲板，不时传来绳索绷断和物体相撞的声音，以及兵丁被扑上来的大浪打倒在甲板上的呼喊声。

面对暴风雨的肆虐，郑和临危不惧，镇静地指挥各船掌稳船舵，迎着巨浪，利用船体坚固高大宽广的优势，劈波斩浪而行。一时之间，只见黑沉沉的海面上星星点点的桅灯在风浪中忽明忽灭，螺号和竹梆声此起彼伏，传递着郑和下达的抗击风浪的一道道指令。郑和还不时到各船舱巡视，在晃荡得厉害的船舱里，众人已点燃妈祖塑像前的香烛，正默默地祈求天妃娘娘显灵搭救。船舱里闪烁着烛火的光彩，与阴沉沉的天空中不时劈下一道道的闪电相辉映，在这种迷幻般的光辉中，大家仿佛看见桅杆之上，有一盏神灯照耀，表情慈祥的天妃娘娘正笼罩在一片红色光辉之中，似乎朝他们挥手示意，指引船队离开险境。祷告好似获得了回应，众人倍受鼓舞，不断念着天妃的名字，感谢天妃显灵保佑。对天妃的虔诚信仰，鼓舞了大家战胜风暴的斗志，郑和不失时机地指挥众人保持镇定，坚守各自的岗位，及时修复船上被巨浪打坏的部位。郑和大声提醒众人相互关照，行进中一定要紧抓栏杆或其他攀附物，避免被大浪卷入海中。经过众人的奋战，且宝船庞大坚固、性能优良，船队总算抵御住了这次突如其来的风暴的袭击，安然无恙地闯过了危难关头。

暴风雨终于过去了，大海又恢复了昔时的安详，像是安静的婴儿，有时像在沉睡，有时像在微笑。在与风浪搏斗后已精疲力尽的官兵们一个个散乱地坐在甲板上休息，望着遥远的天际，回想刚才海的怒吼竟是如此令人震慑。此时此刻，有些官兵不由得庆幸船队在如此险恶的境遇下，竟能转危为安，莫非天妃显灵所致？于是向着苍天再三叩首致谢：天妃娘娘救苦救难大发神功，保佑船队脱离危险，来日我等必将重修宫宇，永垂祀典，答谢天妃神佑之功。郑和虽然也感到十分疲乏，却全然顾不上休息，又忙着指挥被风暴打得七零八落的船队，按原先的队形靠拢在一起，同时传令各船察看有无被大浪卷入海中的失踪人员，对那些失踪落水的船员，则就地积极搜寻，发现一个，打捞起一个，尽量减少死于这次海难的人数。这时，随船的船舶修造工匠也忙活起来，赶紧修补坏损的桅帆、船桨、舱室、栏杆等，在一切恢复正常以后，船队依然井然有序地向着彼岸驶去。经受了暴风雨的洗礼，郑和船队在驶离印度西南海岸后，行程9000里，或航行15天，在经过前后近20个昼夜的航行后，终于完成了横渡印度洋的壮举，来到非洲东岸的木骨都束国。

木骨都束国国王闻听郑和使团来访的消息，欣喜异常，立即派大臣前来将郑和一行迎入王宫，给予最高的礼遇。郑和向国王赠送了丰厚的礼品，表达了明朝廷重视与木骨都束建立友好关系的愿望。郑和一行虽然人多势众，兵强马壮，气概英武，作为和平使者，自然地完全没有入侵者那种盛气凌人、杀气腾腾的模样，而是以一种十分友好的态度，在刚踏上这陌生的国土之际，就在当地营造出一种亲善近人的氛围。这使木骨都束臣民们一下拉近了与郑和使团之间的距离。郑和的一番表白正合他们的心意，不由得心花怒放，连连称是。在会谈中，郑和与木骨都束国国王各自介绍了本国的一些基本情况，并对各自的需求进行了相互交流，达成共识。会见结束后，国王在王宫为郑和一行举行了盛大的欢迎宴会，一群青年男女在宴会上为贵宾们表演了乡土气息浓厚、节奏热烈奔放的音乐舞蹈，在节奏感越来越强的音乐声中，将宴会的欢乐气氛推向高潮，此时，兴高采烈的木骨都束国国王大声宣布：将派出使团随郑和船队去中国回访，并为郑和使团在木骨都束开展贸易等各项活动提供各种方便，使郑和一行感到了比当地炎炎烈日还要热烈的友邦之情。在木骨都束访问的日子里，由于有了木骨都束臣民们的配合与帮助，郑和一行在木骨都束进行的贸易和参观访问活动进行得很顺利，大家都有很大的收获，使郑和首次访问非洲有了一个良好的开端，在邻国中产生了巨大的反响，为随后郑和一行南下对卜剌哇、竹步、麻林等国进行同样成功的访问打开了局面。

第二节　中非贸易与往来的加强

（一）郑和访问非洲在相当大的程度上是从商业利益角度来考虑的

明代以前，自汉以迄宋元，中国与非洲各国间的海上交往持续发展，已有 1200 多年的历史。在这个基础之上，明初郑和下西洋"锐意通四夷"，势必要进一步扩大中国与非洲各国间的海上交通，从而出现了横渡印度洋的壮举，在中非友谊史上揭开了新的一页。木骨都束和卜剌哇都是当时东非重要的城邦国家，以具有海洋贸易的传统而著称。郑和船队横渡印度洋，主要以这两个国家为直航非洲的航海贸易基地，说明郑和航海进一步扩大与非洲的往来，主要目的之一是要加强中国与非洲之间的贸易。

郑和所访问的东非沿岸各国，大多位于现今索马里、肯尼亚、坦桑尼亚地区，这里在公元前1000年左右已居住着说库施语的身材高大的农民。公元初，使用铁器的班图人迁入，到公元11世纪中期他们将原有居民同化。在东非海岸，广泛存在古代水利工程和绵延几十千米的梯田遗迹，说明这里早就有相当发达的灌溉农业。公元前6世纪至公元6世纪，阿拉伯、波斯、印度、埃及、希腊、罗马的商人，先后来到东非海岸，运来念珠、布匹、矛斧刀锥，运走香料、象牙、犀角、龟板、椰子油和奴隶。在这种繁荣的国际贸易中兴起了阿达尔与拉普塔国家（拉普塔国家在今坦桑尼亚境内，可能在庞加尼河流域，或在鲁菲河三角洲），以及一系列沿海城镇。这些城镇的居民，沿岸北部主要是索马里人，沿岸南部主要是班图人，但还有很多阿拉伯、波斯和印度移民。

公元7世纪阿拉伯帝国崛起后不久，帝国内部发生了争执和分裂，那些失败者为逃避战祸和政治迫害，纷纷背井离乡，迁居东非沿海地区。这些阿拉伯人大批迁来，同当地居民融合，在北部产生了索马里阿拉伯文化，在南部形成了斯瓦希里文明。伊斯兰教传入后，从 10 世纪起，这些来自阿拉伯半岛的移民开始在东非沿海建立伊斯兰城邦国家。北索马里早就存在以泽拉为都的阿达尔古国。公元前 3 世纪，来自南阿拉伯的阿布勒移民将阿达尔王国征服并分割成两国，北半部（位于曼德海峡和提欧港）称为安卡利；其南部仍保留了阿达尔的名称。4—5 世纪，阿克苏姆王国打败阿布勒人，这两国都成了阿克苏姆的属国。从此，在索马里人的历史上，开始了为摆脱埃塞俄比亚人统治而争取独立的斗争。7—8 世纪，阿拉伯穆斯林大批迁入索马里半岛。9—13 世纪，在索马里人部落中兴起了一些伊斯兰国家，为了争取独立，它们对信奉基督教的阿克苏姆压迫者展开了"圣战"。这些国家中最强大的是以哈拉尔为都的伊法特苏丹国，它不仅统治着泽拉港的古阿达尔王国，还吞并了塔朱腊湾北部安卡利王国的部分土地。14 世纪早期，伊法特苏丹发动了反埃塞俄比亚的战争。15 世纪初，斗争遭到挫折。1415 年，泽拉港被占，苏丹被杀，其子逃亡也门。几年后，苏丹之子虽然归来重建了以达卡尔为都的阿达尔国家，但被迫向埃塞俄比亚纳贡。

10—15 世纪，是东非海岸的桑给帝国时期。"桑给帝国"并不是一个真正统一的国家，在各城邦中长期居于霸主地位的是基尔瓦苏丹国。基尔瓦苏丹国是波斯人哈桑·阿里·伊本于 975 年率七艘大船征服基尔瓦及其邻近岛屿后建立的，它很快就发展为东非海岸的贸易中心。13世纪后期或14世纪初，基尔瓦苏丹国控制了莫桑比克地区黄金集散地索法拉，国家达到极盛，索法拉、安哥舍、莫桑比克、桑给巴尔（"桑给巴尔"是波斯语译音。"桑给"乃黑人或黑色之意，"巴尔"是海岸或土地之意，桑给巴尔即黑人土地或黑人之国）、奔巴、蒙巴萨、马林迪、基斯马尤、摩加迪沙等城邦的苏丹都变成了它的封臣。由于其他城邦的竞争，霸权范围虽然有时缩小，但直到15世纪末才最终衰落。桑给帝国各城市国家普遍实行奴隶制。在城市四周的种植园里、城寨的建筑工地上，以及家庭生活中广泛使用奴隶劳动。

随着辽阔内陆生产的发展和内地国家的兴盛，桑给帝国的贸易空前繁荣起来。阿拉伯人和斯瓦希里人的商队深入内陆，运出黄金、象牙、龙涎香和奴隶，运进印度洋、地中海各国以及中国的绸缎、布匹、瓷器、金属制品和玻璃器皿。12世纪，马林迪、蒙巴萨和布腊瓦的桑给人已开采铁矿，设置炼铁场，进行熟铁贸易。桑给帝国从这种国际贸易中获得了巨额财富，建筑了华丽的宫殿、雄壮的清真寺和坚固的堡垒。14世纪，伊本·白图泰来到东非海岸，记述了各城市国家的富庶繁华情况，他说：基尔瓦是"最美丽、最整齐的城市"，蒙巴萨是"巨大"的城市，摩加迪沙是"特别巨大的城市"。到 15 世纪末，东非沿海已出现了如摩加迪沙、布腊瓦、格迪、基尔瓦、桑给巴尔等 37 个城邦。这些城邦规模都不大，每个城邦的人口在数千人至一两万人之间。城邦的经济生活以贸易为主，与埃及、阿拉伯半岛、波斯、印度乃至中国有着频繁的贸易来往，在印度洋贸易中扮演重要角色。城邦出口的商品有象牙、香料、玳瑁、兽皮和奴隶等；进口的物品主要有中国的丝绸、瓷器和漆器，中东的丝织品和铁器，印度的宝石、念珠和棉布等。摩加迪沙、布腊瓦等邦国，在明代以前即与海上丝绸之路沿线各国——包括中国在内——有着商贸往来，郑和船队以这两个邦国为横渡印度洋直航东非海岸的航海贸易基地，在相当大的程度上，也是从商业利益角度来考虑的，并对发展当时的中非贸易发挥了重要的作用。

（二）木骨都束、卜剌哇、竹步三国是郑和船队在非洲主要的贸易伙伴

木骨都束是郑和使团访问非洲的第一站，当郑和一行刚刚踏上撒哈拉以南非洲这块神秘而陌生的土地，就在当地引起轰动，因为在非洲的历史上，从未有过如此之多的中国人来访，也从未见过如此巨大的船舶和如此庞大的船队。木骨都束国国王和臣民们闻听郑

和船队来访的消息，欣喜异常，因为他们一向喜爱中国的丝绸和瓷器，对中国心仪已久。虽然他们很想与中国进行贸易，但碍于路途遥远，重洋阻隔，彼此无法交往。郑和的来访，以开展双边贸易为主要目的之一，正合他们的心意，使他们梦想成真，也就热心为郑和使团在木骨都束开展贸易提供各种方便。

郑和访问非洲，除了要使明朝的声威远播，其经济上的目的就是开展贸易。以郑和船队先进的航海技术，完全可以驶过好望角，与欧洲人建立航海贸易关系。但在当时的中国人看来，欧洲还相当落后，对欧洲的毛织品、酒类等物产也不感兴趣，反倒对非洲的龙涎香等香料、象牙和野生动物更感兴趣。所以，郑和船队开展航海贸易，西行最远到非洲为止，并把与非洲各国的贸易当作郑和船队航海贸易的重要组成部分。

木骨都束国的商业比较发达，"其富民附舶远通商贸"，"货用金银、色段、檀香、米谷、磁器、色绢之属"。① 郑和船队在木骨都束开展贸易，在货物的品种、数量，贸易的规模，以及同当地商人、居民交往接触的程度上，都是史无前例的，并为以后继续开展

---

① 费信：《星槎胜览》，《后集·木骨都束国》，郑鹤声、郑一钧《郑和下西洋资料汇编》（增编本）上册，海洋出版社 2005 年版，第448 页。

贸易打下了很好的基础，所以给当地百姓留下了极其深刻的印象。在摩加迪沙，至今还流传着一个关于该市东区区名来历的传说。据说，郑和的随行人员中有些是上海人，他们和当地贸易交往较多，索马里人记不住他们的名字，但知道他们来自上海，就叫他们"上海人"。后来为记他们，索马里人就把"上海人"作为摩加迪沙市东区区名。在访问了木骨都束国之后，郑和又依次对卜剌哇（今索马里东南岸布腊瓦）、竹步（今索马里南部朱巴河口的准博）、麻林（一说即今肯尼亚东岸的马林迪，一说为今坦桑尼亚基尔瓦基西瓦尼，为古代马赫迪尔之首都）等国进行了访问，同这些国家建立起相互信任与尊重的友好关系。卜剌哇国"所产有马哈兽，状如獐；花福禄，状如驴；及犀、象、骆驼、没药、乳香、龙涎香之属，常以充贡"①；竹步国"所产有狮子、金钱豹、驼蹄鸡、龙涎香、乳香、金珀、胡椒之属"②，郑和船队携带大量的金银、丝绸、锦缎、瓷器、漆器等，与这些非洲沿岸国家开展了广泛的贸易活动，换取了大量的龙涎香、没药、乳香、象牙等当地特产，以及一些像"麒麟"（长颈鹿）、斑马、狮子、犀牛、金钱豹、驼蹄鸡之类

---

① 《明史》卷 326《不剌哇国传》，郑鹤声、郑一钧《郑和下西洋资料汇编》（增编本）上册，海洋出版社 2005 年版，第 405 页。

② 《明史》卷 326《竹步国传》，郑鹤声、郑一钧《郑和下西洋资料汇编》（增编本）上册，海洋出版社 2005 年版，第 406 页。

的奇珍异兽，并同当地人民建立了友好的联系，在彼
此沟通的基础上，促进了中国与非洲各国航海贸易的
发展。

（三）中非贸易互补性很强成为郑和下西洋时期中非贸易得到空前加强的主要原因

郑和对非洲多次的访问，使中非之间的贸易得到
空前的加强，特别是大量的中国陶瓷因此涌入非洲，
使得东非存留中国古陶瓷的遗址非常之多。考古学者
惠勒曾经这样说过："就中世纪而言，从 10 世纪以来
的坦桑尼亚地下埋藏的历史是用中国瓷器写成的。"[①]
而索马里境内所见尤多。1950 年在索马里与埃塞俄比
亚交界处三个古城遗址中，都发现了 13—16 世纪早期
的中国瓷器。这些瓷器大概是由索马里的红海沿岸泽
拉港附近的沙埃丁岛启岸运入的，因为在这岛上发现
了很多同样的中国瓷器。[②] 关于在索马里所发现的中国
瓷器的时代，寇尔调查索马里的古代城镇时曾有较详
细的叙述。他说："在每一个遗址上都发现了青瓷器的
碎片，而可确定时代的碎片则属于 12—15 世纪的范围

---

① 转引自马文宽、孟凡人《中国古瓷在非洲的发现》，紫禁城出版社 1987 年版，第 17—18 页。

② 马休（G. Mathaw）：《东非洲和南阿拉伯的中国瓷器》，《东方艺术》第 2 卷，1956 年第 2 期，第 51—52 页。

内的宋代和明代。"① 斯特朗特斯说："在东非最古老的古迹中到处发现的瓷器碎片，以及被专家们断定为著名的青瓷的一些碎片，都是中国和东非之间久已存在关系的进一步证明。"② 明朝廷把中非互访看作是与世界各国相联系中的头等大事，给予充分的重视，非洲国家视为平常的土特产，包括自然捕获的长颈鹿、斑马之类，在明朝廷和国人眼中却成了自古难得一求的珍稀之物，自然使非洲各国在与明朝的互补性贸易中受到很大的实惠，这成为当时的中非贸易得到空前加强的主要原因。

第三节　郑和远航非洲对世界的影响与意义

（一）远访非洲在当时就成为一件对世界产生积极影响的大事

郑和七下西洋，揭开了 15—16 世纪世界性大航海活动的序幕。由于世界性大航海时代的到来，使东西方交通为之大变，促进了世界各国之间的往来，逐渐打破了全球东西方之间、各大洲不同地区之间相对封

---

① 《罗威东非史》，张铁生《中非交通史初探》，生活·读书·新知三联书店 1973 年版，第 49 页。

② 斯特朗斯特：《德英的东非的葡萄牙时代》，张铁生《中非交通史初探》，生活·读书·新知三联书店 1973 年版，第 50 页。

闭隔绝的状态。这对人类社会与国际关系产生了极为深刻的影响，导致人类社会日益具有世界性，从此进入了一个带根本性的历史转轨时期。这个人类社会发展的关键时期，发生于东方的郑和航海壮举中，大批中国人顺应历史的潮流，走出国门，走向海洋，尝试用中国传统的政治道德理念，去建立一种和平与和谐的国际社会秩序。郑和远访非洲的壮举，将这一伟大的和平实践带到远离亚洲的"新大陆"，与嗣后西方早期殖民者在非洲的殖民掠夺形成极其鲜明的对比。中西方在开始走出国门向海外发展时所走的截然不同的道路，显示出郑和下西洋的进步意义，在世界上产生了深刻而久远的影响。

郑和从第四次下西洋开始，每次出使，都要远至阿拉伯及东非遥远之国，以当时对世界地理的认识水平，沿东非海岸南下所访问的一系列非洲国家，似乎囊括了极远的海外国家。这些远方国家纷纷随郑和船队来中国访问，以当时所能达到的认识水平，被看作是体现了位于世界"际天极地"的国度都心仪于中国，愿意奉行明朝的和平外交方针，并基于此开始与中国直接交往，似乎基本实现了明朝与世界各国广泛联系的终极目标。永乐十三年（1415），在当时被视为"去中国绝远"的麻林国，因郑和使团的来访，遣使来中国贡献"麒麟"（长颈鹿），在中国历史上第一次实现了与非洲国家间官方的正式交往，当时被认为是体现了明初对外方针已初步实现的重大事件。"麒麟"在非洲只是寻常动物，在中国却千载难逢，且中国自古视"麒麟"为瑞兽，赋予神秘色彩，更何况这"麒麟"是"极地"之国麻林所献，可以使明朝统治阶级更加感受到国家的强盛，中国与世界各国相安无事，明朝廷的德政惠泽遐壤。所以，当郑和第四次下西洋开通了中非航路，麻林国使者来中国献"麒麟"之际，因为寓有国家兴旺、声威远播的重大意义，在麻林等国使者进京的那天，整个明朝宫廷都轰动起来了。

永乐十三年（1415）十一月壬子（19 日），明成祖朱棣亲往奉天门主持欢迎仪式，接受"麻林国及诸番国进麒麟、天马、神鹿等物"。当时，文武群臣向明成祖朱棣祝贺说："陛下圣德广大，被及远夷，故致此嘉端。"① 这里所谓的"圣德广大"，实际上是指明成祖朱棣对中国与世界各国之间应建立一种什么关系所持的政治准则和道德观念。中国历史发展到明初，在结束了元末腐败黑暗的统治时期之后，经过明太祖和明成祖的励精图治，又出现了封建社会后期的盛世，"百年之污染一新"，一个统一而强盛的明帝国，顺应着历史发展的潮流，在东方崛起。缔造和巩固了这个

---

① 《明成祖实录》卷99，郑鹤声、郑一钧《郑和下西洋资料汇编》（增编本）上册，海洋出版社 2005 年版，第 685 页。

帝国的明太祖、明成祖及其手下杰出的文武重臣，怀着"大一统而天下治"的政治理想，向往"东沧海而西昆仑，南雕题而北穷发，无有远迩，莫不尊亲玉帛，会车书同，兴太平之礼乐"。①即从中国传统的政治道德理念出发，在加强与世界各国的联系中，去建立一种和平与和谐的国际社会秩序。明成祖朱棣执政以后，派遣郑和下西洋，积极争取海外远国万里来宾，以与中国"共享太平之福"。以中国传统的政治道德观念来看，怀有仁爱之心的君主，才会这样去做，才能对海外诸国施行这种"仁政"。永乐时儒臣金幼孜在所作《麒麟赞》中赞扬明成祖说："惟皇之仁，洽于八垠，极天际地，罔不尊亲。惟皇谦恭，弗自力圣，匪物之珍，协于仁政。"②这种歌功颂德之词，自然是为了满足明朝统治阶级政治上的虚荣心，扩大郑和远航非洲的影响，宣扬明成祖朱棣的政绩。不过永乐时期明成祖朱棣及其臣属们向往在海外立德立功，"兴太平之礼乐"，施"仁政"远及"际天极地"的非洲国家，倒也是离不开国家强盛统一、政治清明这样一个基本条件的。正因为如此，郑和远访非洲才显示出意义非

---

①《洪武实录》卷30，郑鹤声、郑一钧《郑和下西洋资料汇编》（增编本）中册，海洋出版社2005年版，第1230页。

②金幼孜：《麒麟赞（有序）》，《金文靖公集》卷6，郑鹤声、郑一钧《郑和下西洋资料汇编》（增编本）中册，海洋出版社2005年版，第747页。

凡，才能对世界产生积极的影响。

麻林国遣使来中国贡献"麒麟"，是郑和第四次下西洋所取得的一个重大成就，显示出郑和使团首次对东非沿岸国家所进行的访问取得了圆满的成功。其时正值永乐朝极盛时期，郑和使团对东非诸国的成功访问，在历史上是没有先例的，成为明朝鼎盛时期在外交上取得重大进展的重要标志，当时即在明朝廷中产生了重大影响。当时在中央供职的文臣们纷纷即兴写诗作赋，为之歌功颂德，抒发自己对麻林国来献"麒麟"而凸显出的那种四海太平、远方归心的祥和氛围的感受。金幼孜在《瑞应麒麟赋》的小序中说："臣闻人君有至圣之德者，则必有至盛之治，有至盛之治者，则必有至大之征。此感彼应，皆本于一心之诚，非人力所致，而自至者。钦惟皇上建中垂统，法天敷治，恢弘鸿化，覆暨无外，和气融朗，嘉应叠臻。乃永乐十有三年秋九月壬寅，西南夷有曰麻林国者，以麒麟来献。"[1] 明成祖朱棣在执政之初，即一次次派遣郑和下西洋，随着这种大规模航海活动的持续开展，郑和的航海活动逐渐打破地域和民族的界限，使中国古代的帆船航海由传统的在亚洲沿海航行，进一步发

---

[1]　金幼孜：《瑞应麒麟赋（有序）》，《金文靖公集》卷 2，郑鹤声、郑一钧《郑和下西洋资料汇编》（增编本）中册，海洋出版社 2005 年版，第 745 页。

展成横渡印度洋直达非洲的洲际航行，日益具有世界性。在这种新形势的冲击下，明朝廷中的一些比较开明的上层人物，已不满足于把国内太平与富足看作是国家达于"至盛之治"的标准。

占地球面积71%的海洋，为中国与世界各国广泛交往提供了交通上的便利，永乐大帝朱棣及其以郑和为代表的辅臣们，毕生致力于同遥远的海外国家沟通交往，并以这种交往发展的深度与广度，作为衡量国家之治是否臻于极盛的重要标志，正是适应了让中国尽可能扩大与世界的联系的新形势，体现出了一种由封闭走向开放的新的时代精神。当然，其表现之方式与内容，具有中国的特色，传承了中国悠久的文明，表现为世界历史发展中的一种具有东方文明特点的现象，与西方早期殖民主义者要求开拓海外殖民地，发展海外市场，性质是不同的。朱棣、郑和等明朝廷中积极与世界联系的代表人物，极其重视与非洲国家的交往，以成功实现与非洲国家的互访为一代盛事，甚至视之为郑和下西洋的最重大事件，他们所持的这种"世界性观念"，突出体现了时代的进步。所以，当郑和访问非洲而出现麻林国来献"麒麟"的事件时，就以其富有世界性意义而轰动了明朝廷，也在当时与明朝有交往的国家中产生一定的影响。

**（二）西方早期殖民者在非洲的灭绝行经更凸显了
郑和远航非洲在历史上的进步性和深远意义**

郑和对非洲所进行的成功访问，在中国历史上是
中央使团首次对非洲进行访问，不仅在中国是史无前
例，在当时非洲与世界各国的交往中，也是绝无仅有
的，因而在历史上也产生了深远影响。在郑和使团多
次访问过的索马里，为了纪念郑和，当地居民在郑和
访索期间停留较长的布腊瓦附近修建了一座纪念碑，
并将那里命名为"郑和村"。在摩加迪沙，至今还流
传着索马里人将"上海人"作为摩加迪沙市东区区名
的故事。

在郑和下西洋终止半个多世纪以后，即 15 世纪
末，葡萄牙殖民者来到非洲，筑堡垒，建商站，开始
掠夺奴隶和黄金。继葡萄牙殖民者之后，荷兰、英国、
法国、西班牙殖民者接踵而至，相继在非洲沿海建立
起星罗棋布的殖民地、堡垒和商站。16 世纪至 19 世纪
下半期，西方在非洲殖民活动的主要表现形式是奴隶
贸易，正是罪恶的奴隶贸易，给非洲各国人民带来了
深重的灾难。欧洲奴隶贩子，不仅自己在非洲各地猎
取黑人，而且出钱出枪，挑起非洲各部落之间的战争，
培植一批非洲人——阿拉伯人奴隶贩子，例如著名的
奴隶贩子蒂普·蒂布。而欧洲殖民者则在沿海商站
收购。

对非洲而言，长达 400 年的奴隶贸易是一场浩劫，使非洲黑人文明受到严重摧残。第一，奴隶贸易使非洲损失了数以亿计的文明创造者和继承者。奴隶贩子在猎奴战争中，袭击城镇和村庄，烧毁房屋，杀死老弱病残，将年轻力壮的黑人掳掠而去。据目击者记载："几天前还是繁华的村庄，村外谷物遍野，现在却毁于一炬，妇女、老人和儿童被烧成半截的尸体比比皆是。"这还只是黑人在奴隶贸易中大量死亡的第一幕。被俘获的黑人，在从内陆押往沿海的途中，戴着脚镣手铐，步履蹒跚，穿过丛林荆棘，被折磨得皮开肉绽，稍有不驯，就遭鞭打或枪杀，跟不上队伍的孩子被揍得脑浆迸裂。在漫长的贩奴道上，遍布黑人的白骨和血迹。

到达沿海地区以后，黑人被遣进奴隶市场，让欧洲奴隶贩子们"选购"。买卖双方拍板成交以后，欧洲奴隶贩子就用烧红的烙铁，在黑人的臂上和胸前打上带有贸易公司纹章的烙印，随后押进潮湿闷热、蚊蚋扑面、毒虫麇集、腥臭不堪的贩奴堡地牢。在这里，不知夺走了多少黑人的生命。从非洲到美洲的大西洋贩奴航线，更是一条死亡线。奴隶贩子们为了多多赚钱、快快发财，第一个诀窍就是满装超载。法定运载450 名奴隶的船只，常常足足塞进 1000 名。黑奴在船舱里蜷缩着身躯，并排躺在舱板上，头顶脚，脚顶头，连翻个身的余地都没有。拥挤的船舱里，空气污浊，饮食恶劣，疾病流行。船主常常把患病的黑人抛入大海。有时，或因粮食、饮水不足，或因缉私船追捕，奴隶贩子甚至把健壮的黑奴也抛进大海。在大西洋的海底深渊不知埋葬着多少黑人的遗骸。据估计，一般只有 2/3 或一半的人能活着到达美洲。据联合国于 1978 年在太子港召开的关于奴隶贸易的专家会议估计，贩卖到美洲和世界各地的黑人，加上猎奴战争、贩卖途中死亡的总数约为 2.1 亿人。

第二，奴隶贸易极大地破坏了非洲黑人文明的物质载体。在贩奴恶浪中挑起的猎奴战争和部落战争，打乱了正常的生产和生存秩序，大量田园荒废，许多繁华的城镇和村庄被毁，古老的艺术，包括木雕、铜雕、音乐乐器等制作工艺失传，手工业发达、艺术繁荣的贝宁在奴隶贸易中变得残破不堪即是一例。18 世纪初访问过贝宁的博斯曼写道：贝宁从前"建筑鳞次栉比，居民十分稠密，现在这些残破的屋宇，就像穷人所种的庄稼那样稀稀疏疏了"。① 西方早期殖民者在非洲的灭绝行经，与郑和下西洋时的中非友谊相比，真有天壤之别。这令人信服地说明了郑和下西洋在历史上的进步意义，所以郑和远航非洲在世界上的影响

————————

① 艾周昌、沐涛：《走进黑非洲》，上海文艺出版社 2001 年版，第 234—239 页。

始终是正面的、积极的。时至今日，但凡涉及中非历史交往，无论是中国人还是外国人，都对明朝时郑和对非洲的多次访问津津乐道。

郑和远航非洲对世界的深远影响，其为人类进步事业所提供的有益的精神财富，得到党和国家领导人的高度重视，并给予很高的评价。1964 年周恩来总理访问东非索马里、肯尼亚等国时在演讲中指出：郑和是一位大航海家，曾访问过东非索马尼、肯尼亚等国，为中非友谊做出过重大贡献。1964 年 2 月，周恩来总理在索马里首都摩加迪沙群众欢迎大会上发表讲话时说："这是我第一次来到索马里，但是，就我个人以及中国人民来说，对你们的国家是一点也不陌生的。远在 500 多年以前，我国的航海家郑和就曾访问了贵国。"在这次讲话中周总理提出了中国处理同非洲和阿拉伯国家相互关系的五项原则和中国对外经济援助的八项原则。周总理的讲话与郑和当年对非洲的访问遥相辉映，在世界各国人民中引起了强烈的共鸣，大大促进了中国和非洲国家友好关系的发展，也对世界和平事业做出了积极的贡献。

第三章　论郑和船队的航海科技

第一节　先进舟船科技诞生中国宝船

（一）宋元时期中国舟船科技已趋向鼎盛

中国舟船发展的历史，从起源于新石器时代的中华独木舟算起，有长达 8000 余年的历史。进入封建社会以来，自秦汉以迄宋元，由于重视利用海路发展与海外诸国的友好关系，进行经济和文化交流，推动海船制造业获得迅速的发展。为了适应远洋航行的需要，汉代先进的远洋海船一般是四桅帆船，船帆不仅可以转动以适应不同的风向，而且可随风力强弱而增减帆数，这样就能充分利用风力行船。汉代造船业的进步，使中国海船的适航性能大为改善，能够在波涛汹涌的印度洋上航行，到达印度半岛沿岸以及斯里兰卡等国。继秦汉之后，隋朝的造船业又获得新的进步。隋文帝开皇九年（589），杨素在永安建造了名曰"五牙"的战舰，上起楼五层，高十余丈，可载战士八百人。隋炀帝大业元年（605）所造龙舟，高四十五尺，长二百尺，起楼四重，上重有正殿、内殿、朝堂，中二重有一百二十个房间，下重是内侍们居住的地方。这说明秦汉以后，中国的造船业已进入一个新的发展阶段，船舶的制造正稳步地向着大型化发展。

这种发展趋势，在公元 7 世纪以后，由于海上丝绸之路的兴起，就显得更加明显了。唐代海船"大者长二十丈，载六七百人"。有一种名曰"俞大娘"的大舶载重一万石。唐代的海船，无论是船体结构或是载重量，都超过了当时其他国家的船只。在海外贸易中，各国商船抵达故临（今印度奎隆）时，每艘唐船按载货多少所缴纳的过口税，是每艘外国船只的5—45倍。唐代建造巨型海船，采用了先进的造船技术。当时，西方木帆船纵向主要构件是龙骨，而唐船为了增加纵向强度，不仅靠龙骨，更靠两侧船舷增装的大橹的夹持；为了增加船舶的横向强度，唐船横向主要结构采用较多短间距的横舱壁，在受力较大的地方，更设有粗大的面梁，这比西方木帆船横向主要构件是一条条的肋骨，所能承受的外力要大得多。在船壳板的连接方面，唐船多采用平接方式，又比西方木帆船采用搭接方式具有很大的优越性。此外，为了防止渗水，采用桐油石灰等掺合捻缝；为了增加行船的稳定性，在海鹘船的两舷置有披水板（浮板），这也是西方木帆船所没有的。唐代在造船技术上的这一系列进步，使中国的海船以体积大、载货多、抗沉性能强、稳定性好而驰名海外，得到各国商旅的信任。当时，各国来中国经商，都愿乘坐中国的海船。唐代能成批地打造远洋巨舶，航行到波斯湾以远地方。

宋代所造船舶规模之大，标志着中国的造船技术达到了一个新的高峰。宋代周去非在《岭外代答》一书中记述，中国开往南洋及印度洋的大船，形如"巨室，帆若垂天之云，拖长数丈。一舟数百人，中积一年粮"。船上还能大批养猪，大量酿酒，可供全船之人"日击牲醑饮"。由于"舟大载重，不忧巨浪"。在宋代另有一种"西湖舟船"，据目击者所言，大者"约长五十余丈"，较小的"约长三十、二十丈"，"皆奇巧打造，雕栏画栋，行运平稳，如坐平地"。就船长五十余丈而言，在中国古代造船史上，算得上是船长之最了。元时"海舶广大，容载千余人，风帆十余道"。据元代一些外国旅行家的记载，这种形体广大的海舶，不过属于大船而已，并不罕见。著名旅行家摩洛哥人伊本·白图泰（Ibn Batuta）在游记中写到，中国用于航海的船舶有三种。大型海船有十二帆，船越小，所张帆越少，最小的海船也有三道帆。大船可载一千人，其中六百人为水手，四百人为护勇、弓箭手、铳手等。每艘大船随带三只较小的船，其大小长短广狭，约等于大船的 1/2、1/3、1/4。船无论大小均造于泉州和广州的船厂。船桨大小和桅杆大约相等，一船共有二十支桨，一般十五人摇一支桨，大船所用桨较大，尚需加至三十人方能摇动。如此，大船二十支桨，正需要六百水手才行。船分四层，内分舱房及公用厅房，以供船上商人使用。在舱房之中，尚附设小房间，房间的钥匙由用户掌管，可以储藏私人杂物。乘船商人可以携带妻妾子女同居一所，船员们也可以携带眷属同住。中国古代的造船业，尤其是海船制造业，自秦汉以来逐渐兴起，到宋元时期已高度发展，趋向鼎盛。

（二）郑和宝船集中国历代舟船先进科技之大成

明朝郑和下西洋时期，为适应郑和远洋航海的需要，舟船科技又有新的发展，郑和宝船的制造标志着古代帆船制造业达到鼎盛时期。当时中国舟船科技领先世界的"六大发明"如表1所示。

表1　　　　　中国舟船科技领先世界的"六大发明"

序号	造船科技发明项目	发明与应用年代	外国应用年代
1	手摇橹	汉代，1世纪	17—18世纪
2	船尾舵	汉代，1—2世纪	12—13世纪
3	水密隔壁	晋代，3—4世纪	18世纪
4	桨轮	唐代，7—8世纪	16世纪
5	船用指南针	宋代，10—11世纪	12—13世纪
6	舰载火铳	元明时期，13—14世纪	15世纪

　　中国海船制造业自汉代以来的持续发展，为明初郑和下西洋船舰的准备，打下了坚实的基础。郑和下西洋，在集中国历代舟船先进科技之大成的基础上，组建了前所未有的世界上最庞大的远洋船队。郑和使团每次远航，一般由 63 艘（一作 62 艘）大、中号宝船组成船队主体，加上其他类型的船只，共"乘巨舶百余艘"。① 其中以第一次下西洋乘船 208 艘，② 为我们目前所知七下西洋中动用船只最多的一次。郑和每次出使，乘船既然多达一二百艘，这些船又依尺度、容量、所用橹的数目、用途以及产地的不同，归结为各种船型。所以，郑和船队实际上是一支庞大的混合舰队。

　　郑和船队的大小船只，官书上通称为"宝船"，若按用途来分的话，大致可分为宝船、战座船（一千五百料、二千料船）、粮船、水船数种。在有关郑和下西洋的史料中，宝船具有两种含义，一是郑和船队的总称，即以"宝船"来概括船队中各种尺度、各种类型的船舰，像洪熙元年（1425）明仁宗朱高炽发布诏令："下西洋诸番国宝船，悉皆停止。"③ 一是说停止整个郑和船队进行下西洋的航海活动；二是指郑和船

———————————

① 郑和：《天妃之神灵应记》，郑鹤声、郑一钧《郑和下西洋资料汇编》（增编本）上册，海洋出版社 2005 年版，第 18 页。
② 嘉靖《太仓州志》卷 24。
③ 《明仁宗实录》卷 1 上。

队中形体最大，并在多种史籍中留下了长、宽尺度的大、中型宝船。据明钞说集本马欢《瀛涯胜览》卷首记载："宝舡六十三号，大者长四十四丈四尺，阔一十八丈；中者长三十七丈，阔一十五丈。"① 在《瀛涯胜览》的另一种明代钞本《三宝征彝集》的卷首，对宝船尺度也有与此相同的记载，只是数目字用了汉字大写而已。大、中型宝船应属福船船型。福船是一种尖底、吃水深、长宽比小但却非常瘦削的船型，比较适宜远洋航行。福船的建造，综合考虑了结构强度、稳性、快速性、适航性以及加工工艺等多种性能要求。福船底部有龙骨，舷侧顶部有大橇，均用优质巨木制成，对保证纵向强度特别有利，而众多的横舱壁又能确保船体的横向强度，加以吃水深，使船的平稳性大为增强。郑和宝船的制造标志着古代帆船制造业达到鼎盛时期。

第二节　郑和下西洋的航线与特点

（一）郑和七次下西洋的航程各有不同之处和特点

郑和船队的实际航程，每一次出使都是不相同的，这是因为每一次下西洋的经过都不一样，其航程随之

---

① 郑鹤声、郑一钧：《郑和下西洋资料汇编》（增编本）上册，海洋出版社 2005 年版，第 87 页。

而各异。现将郑和七次下西洋的航程及其不同之处和特点，述之如下。

1. 第一次下西洋的航路

其去程航路简化为：南京宝船广→福建五虎门→占城→爪哇→旧港→满剌加→苏门答剌→南浡里→锡兰→小葛兰→柯枝→古里。

第一次下西洋返回的航路可简化为：古里→柯枝→小葛兰→甘巴里→锡兰→伽楠貌山→苏门答剌→满剌加→旧港→杜板（爪哇）→苎麻山→昆仑山→独猪山（国内航程与《郑和航海图》中所记宝船沿粤、闽、浙、苏北上的返程相同，不赘述）。

2. 第二次下西洋的航路

郑和第二次出使，自江苏太仓刘家港开船至锡兰一段航路，与第一次出使相同。但在印度半岛西岸的航程，与第一次有所不同，所经航程为：锡兰→小葛兰→甘巴里（今印度南端之科摩林角）→阿拔把丹（与甘巴里相邻，在奎隆西北）→柯枝→古里。

这次出使自古里返回满剌加的一段航程，与第一次相同。船队到满剌加后，于回国途中访问了暹罗国。此后，船队由暹罗港口开船，途经真腊（今柬埔寨），径航福建省五虎门，此后国内航程与第一次返程相同。

3. 第三次下西洋的航路

郑和第三次出使的航路较为复杂。大艅船队仍遵循第二次出使的路线，但在这条线上曾穿插航至一些相邻的国家和地区。如船队在航经满剌加国时，曾航至与其相邻、四面环海的九洲山，并"差官兵入山采香"。① 据费信《星槎胜览》记录，在这次航行中，航路有 23 线：

（1）永乐七年（1409）秋九月自太仓刘家港开船，十月到福建长乐太平港停泊，十二月于福建五虎门开洋，张 12 帆，顺风 10 昼夜到占城国。

（2）自占城国灵山顺风 10 昼夜，可至交栏山。

（3）自占城国顺风 10 昼夜，可至暹罗国。

（4）自占城国顺风 20 昼夜，可至爪哇国。

（5）自占城国顺风 3 昼夜，可至真腊国。

（6）自淡洋国至满剌加国 3 日程。

（7）自爪哇国顺风 8 昼夜，可至旧港国。

（8）自旧港国顺风 8 昼夜，可至满剌加国。

（9）自满剌加国顺风 9 昼夜，可至苏门答剌国。

（10）自满剌加国顺风 3 昼夜，可至阿鲁国。

（11）自苏门答剌国西去 1 昼夜，可至龙涎屿。

（12）自苏门答剌国顺风 12 昼夜，可至锡兰国。

（13）自苏门答剌国顺风 20 昼夜，可至榜葛剌国。

（14）自龙涎屿西北行 5 昼夜，可至翠兰屿。

---

① 费信：《星槎胜览》，《前集·九洲山》，郑鹤声、郑一钧《郑和下西洋资料汇编》（增编本）上册，海洋出版社 2005 年版，第575页。

（15）自锡兰国顺风 10 昼夜，可至古里国。

（16）自锡兰国别罗里南去顺风 7 昼夜，可至溜山国。

（17）自锡兰国别罗里南去顺风 21 昼夜，可至卜剌哇国。

（18）自古里国顺风 10 昼夜，可至忽鲁谟斯国。

（19）自古里国顺风 20 昼夜，可至剌撒国。

（20）自古里国顺风 22 昼夜，可至阿丹国。

（21）自古里国顺风 20 昼夜，可至祖法儿国。

（22）自小葛兰国顺风 20 昼夜，可至木骨都束国。

（23）自忽鲁谟斯国 4 昼夜，可至天方国。

由于费信在永乐十三年（1415）、宣德六年（1431）都曾随郑和历访诸国，所以上述航程中古里国以西航线，是费信以后几次出使〔包括永乐十年（1412）随奉使少监杨敏等出访榜葛剌等国的一次〕中所经历的航程。在这 23 线航路中，有些是分艋的航路，像苏门答剌至榜葛剌等线，都不是大艋宝船所惯循的航线。

4. 第四次下西洋的航路

在郑和第四次下西洋时，明朝已在东南亚和南亚打开局面，建立了威信。在海路方面，经过郑和三次出使，从南海、南洋群岛到南印度一带，完全打通，没有阻碍；在陆路方面，安南对中国和占城的威胁已解除，明朝在海外的声威大振。郑和船队奉使海外在海陆两方面均无后顾之忧，加以当时永乐朝已进入鼎盛时代，政治经济实力更为强大，郑和船队经过三下西洋，积累了丰富的航海经验，于是郑和遵照明成祖朱棣的意图，进一步去访问南亚以西的远方国家。其访问西亚及东非沿岸各国，则是开辟了一些新的航路。据马欢《瀛涯胜览》记录，这次下西洋航路有17线：

（1）自福建福州府长乐县五虎门开船，往西南行，好风10日，可至占城国。

（2）自占城国向正南，好风船行7昼夜，顺风至新门台海口入港，才至暹罗国。

（3）自占城国向正南，好风船行8日，到龙牙门。

（4）自龙牙门往西行2日，可至满剌加国。

（5）自满剌加国开船，好风行4昼夜，可到阿鲁国。

（6）自满剌加国向西南，好风行5昼夜，先到滨海一村，名曰答鲁蛮系船，往东南十余里，可到苏门答剌国。

（7）苏门答剌国往正西，好风行3昼夜，可到南浡里国。

（8）自帽山南放洋，好风向东北行3日，见翠兰屿，过此投西船行7日，见莺歌嘴山。再三两日，到佛堂山，才到锡兰国马头名别罗里。自此泊船登岸，陆行，又北去 60 里，才到王居之城。

（9）自锡兰国马头别罗里开船往西北，好风行 8 昼夜，可到小葛兰国。

（10）自小葛兰国开船，沿山投西北，好风行 1 昼夜，到柯枝国港口。

（11）自柯枝国港口开船，向西北行 3 日，可到古里国。

（12）自苏门答剌国开船，过小帽山投西北，好风行 10 日，可到溜山国。

（13）自古里国开船投西北，好风行 10 昼夜，可到祖法儿国。

（14）自古里国开船，投正西兑位，好风行一月，可到阿丹国。

（15）自苏门答剌国开船，取帽山并翠兰屿投西北上，好风行 20 日，先到浙地港泊船。用小船入港行 500 余里，到锁纳儿港登岸向西南行 35 站，到榜葛剌国。

（16）自古里国开船投西北，好风行 25 日，可到忽鲁谟斯国。

（17）自古里国开船，投西南申位，船行 3 个月，方到天方国马头秩达。往西行 1 日到王居之城，名默伽国。自此再行大半日之程到天堂礼拜寺。

与前三次出使航路不同的是：第一，自占城至暹罗，比第二次缩短了 3 昼夜；第二，自占城至爪哇，不是取道交栏山而往，而是走的占城→龙牙门→旧港（三佛齐）→爪哇；第三，开辟了自苏门答剌经溜山直航木骨都束的新航线，这段航程只需 25 天，便可由苏门答剌驶至木骨都束，即苏门答剌→溜山→木骨都束。船队沿着这条横渡印度洋的新航线由中国到东非索马里诸地，相较于沿印度半岛、阿拉伯半岛海岸而行，经忽鲁谟斯、阿丹沿岸，航程由 10 万余里缩短到 3 万余里。

郑和船队这次出使返回的航路，如同去程一样，是从不同的需要出发，分别走的循印度洋沿岸曲折而行和横渡印度洋直达的多条航线。如：（1）沿岸航路。船队自麻林分别沿着 3 条不同的航线回到古里。一条是从麻林直接回到古里；另外两条是从麻林分别回到祖法儿和忽鲁谟斯，然后再从祖法儿和忽鲁谟斯分别回到古里。船队会集于古里后，即循前三次出使的返程路线回国，所不同者，船队到满剌加后，不再像以前那样重返旧港、爪哇而回，而是取道龙牙门，以缩短航程。（2）横渡印度洋航路。船队自慢八撒分别经哈甫泥、别罗里、南浡里等地和经木骨都束、官屿、帽山等地循不同航线回到苏门答剌。船队横渡印度洋及经南巫里洋到达苏门答剌之后，即航至满剌加与自印度洋沿岸而来的船队会合，同时取道龙牙门归国。

5. 第五次下西洋的航路

郑和第五次出使，不像以前那样，在远航中重点访问西洋诸国的同时，兼顾访问东南诸番国，而是先历西洋诸国，而后访问东南诸番国。原因是这次出使的任务，是送古里、爪哇，满剌加、占城、锡兰，木骨都束、溜山、南浡里，卜剌哇、阿丹、苏门答剌、麻林、剌撒、忽鲁谟斯、柯枝、南巫里、沙里湾泥、彭亨诸国及旧港宣慰司使臣辞还，所以船队要先驶往这些国家，送毕西洋诸国使臣之后，又访问了浡泥、苏禄、吕宋等东南诸国。其往返航路与第四次出使基本相同。

6. 第六次下西洋的航路

这次出使航路最为复杂。这次奉命远航，是乘护送忽鲁谟斯、阿丹、祖法儿、剌撒等 16 国使臣返回他们国家之便，而往西洋诸国访问。但这次出使航路与前五次不同，大鯮宝船到满剌加、苏门答剌后，分鯮前往各国。此时，郑和船队经过五下西洋的航海实践，已熟知印度洋、西太平洋蛛网交错的航路，分鯮航行又具有较充分的海上行动的自由，所以船队采用由苏门答剌西南向印度洋乃至大西洋，以及由满剌加东南向南印度洋乃至南太平洋，往各远方国家和地区作扇面形远航的航路，相比从前都有较大的发展。郑和第六次下西洋所经历的向着东非海岸南端延伸，以及向爪哇岛东南以远海域的航路，是很值得我们进一步探索的。

在这次出使中，郑和与各位副使率领的船队，主要周游了 36 个国家，其航路大致为：

太仓刘家港→占城→满剌加→苏门答剌→黎代→南浡里→榜葛剌→西洋琐里→锡兰→甘巴里→加异勒→阿拨把丹→大（小）葛兰→柯枝→古里→忽鲁谟斯→祖法儿→剌撒→阿丹→木骨都束→卜剌哇→竹步→麻林→慢八撒→比剌→孙剌→溜山→阿鲁→爪哇→吉里地闷→浡泥→假里马打→彭亨→暹罗→真腊。

在船队周游三十六国的航程中，郑和率领的大綜船队与各位副使统领的分綜船队的航程，既有共同遵循的部分，也有各自独特的部分，这两部分的航路蛛网交错，呈现出十分复杂的状态。在这次出使中，郑和与各位副使，由中国或中途转航根据地启程的时间既不一致，而返回年月又不相同；在航海活动中各自又独树一帜，其各自所到国家和地区也有所异，他们经历的航路自然就各不相同。例如，据清初钞本《针位篇》残卷记载："永乐十九年（1421）奉圣旨，三宝信官杨敏字佛鼎，泊郑和、李恺等三人，往榜葛剌等番邦，周游三十六国公干，至永乐二十三年

（1425），经乌龟洋中，忽暴风浪。"[1] 杨敏率领的分
艅船，虽曾随郑和、李恺等人的大艅船队同道访问过
一些国家，但在郑和一行于永乐二十年（1422）八
月回国后，仍然遍历海外诸国，直到"永乐二十三
年"还航行于乌龟洋中（永乐年号到二十二年为止，
杨敏一行远在异国他乡，还不知道明成祖朱棣已在永
乐二十二年八月去世，永乐年号随之到二十二年为
止，永乐二十二年后已改元洪熙）。清初钞本《针位
篇》便如实地反映了这种情况。郑和船队第六次下
西洋，由于着重发挥了分艅的作用，所访问的国家较
之前五次要多一些。分艅在远航中会遇到各种情况，
有时突然遇到风暴，会脱离正常的航线，漂流到陌生
的海域或国家，致使有的分艅海上航行达四年之久，
有足够时间在整个印度洋，尤其是在赤道以南印度洋
广大海域进行海上探索，西南深入大西洋，抵达西南
非海岸，东南深入南太平洋，抵达爪哇岛东南以远海
域，将郑和船队的下西洋航路延伸到"去中华绝远"
的海域。

　　郑和第六次下西洋返回的航路，其西行船队返苏
门答剌会集，自苏门答剌回洋，经满剌加、淡马锡
（新加坡）、昆仑山、占城，沿《郑和航海图》所示返
程归国。其东行船队一部分已先自西航至马达加斯加

---

① 清初《针位篇》残卷向达藏本。

乃至东非沿岸，然后沿西行船队返程路线归国；一部分回航爪哇后，经旧港、淡马锡、昆仑山、占城回国。其至浡泥、苏禄等国的船队，则回航彭亨，又航至暹罗，经真腊、占城返国。以上返航路线，船队前五次下西洋都曾经历，兹不赘述。

　　7. 第七次下西洋的航路

　　这次出使，"往返三年，所历诸番曰占城，曰爪哇，曰暹罗，曰旧港，曰哑鲁，曰满剌加，曰苏门答剌，曰那姑儿，曰黎代，曰南勃里，曰溜山，曰榜葛剌，曰锡兰山，曰小葛兰，曰柯枝，曰古里，曰祖法儿，曰忽鲁谟斯，曰阿丹，曰天方，凡二十国"。[①] 基本上是重复了第三、四次出使的航路。不同之处是：大𫸩船队在开赴忽鲁谟斯的途中，不断地派遣分𫸩分头前往各国访问，这是这次出使的特点。

　　郑和这次出使，除了访问上述各国外，还带有完成明宣宗朱瞻基交给的敕谕暹罗国王的使命：即调解暹罗与满剌加两国之间的关系。于是，宣德七年（1432）七月初八郑和到达满剌加后，又要根据与满剌加国王商谈的情况，再至暹罗国交涉，然后返回满剌加。郑和这样忙了一个月，直到八月八日才离开满剌加。在大𫸩船队暂驻满剌加期间，郑和率少数使船往返于满剌加与暹罗之间，其航路应取一种捷径，即

---

　　① 《四库总目提要》卷78·史部·地理类存目7·"西洋番国志"条。

绕过淡马锡北上，直趋暹罗，其返程亦南下绕过淡马锡，向西北航行至满剌加。郑和下西洋的航路之所以比较复杂，与船队在下西洋的过程中，要完成明朝廷交给的各种外交使命，有很大关系。如上述郑和大艉船队驶抵满剌加后，还穿插有"满剌加→暹罗"和"暹罗→满剌加"的分艉航行，即为其中之一例。由此可以想见，郑和船队在到达非洲后，往返于东非沿岸各国、各地之间，也是开辟与遵循了一些东非沿岸各国、各地之间的短途航路，为发展东非沿岸的海上交通做出了贡献。

（二）郑和七下西洋主要航线有 42 条

郑和七下西洋主要的路线，仅就重要的出航地点而言，已有 20 余处，主要航线有 42 条之多。兹列举如下：

1. 以南京为起点，有下列一单线：

南京、太仓线——自南京龙湾出发，经徐山、附子门至太仓刘家港。

2. 以太仓为起点，有下列二线：

（1）太仓、长乐线——自太仓刘家港至福建长乐太平港。

（2）太仓、南京线——宣德八年（1433）六月二十一日回洋进太仓，七月六日至南京。

3. 以长乐为起点，有下列一单线：

长乐、占城线——自长乐太平港出发，至五虎门张帆，顺风 10 昼夜可至占城国。

4. 以占城为起点，有下列六线：

（1）占城、交栏山线——自占城灵山顺风 10 昼夜，可至交栏山。

（2）占城、暹罗线——自占城顺风 10 昼夜，可至暹罗国。

（3）占城、爪哇线——自占城顺风 20 昼夜，可至爪哇国。

（4）占城、满剌加线——自占城向正南行，好风八日至龙牙门，往西行二日至满剌加国。

（5）占城、真腊线——自占城顺风 3 昼夜，可至真腊国。

（6）占城、外罗山线——宣德八年（1433）六月一日，自占城回洋，三日至外罗山。

5. 以爪哇为起点，有下列一单线：

爪哇、旧港线——自爪哇顺风 8 昼夜，可至旧港。

6. 以旧港为起点，有下列一单线：

旧港、满剌加线——自旧港顺风 8 昼夜，可至满剌加国。

7. 以满剌加为起点，有下列二线：

（1）满剌加、苏门答剌线——自满剌加顺风 9 昼夜，可至苏门答剌。

（2）满剌加、阿鲁线——自满剌加顺风 3 昼夜，可至阿鲁国。

8. 以苏门答剌为起点，有下列六线：

（1）苏门答剌、龙涎屿线——自苏门答剌西去 1 昼夜，可至龙涎屿。

（2）苏门答剌、锡兰线——自苏门答剌顺风 12 昼夜，可至锡兰港口。

（3）苏门答剌、榜葛剌线——自苏门答剌顺风 20 昼夜，可至榜葛剌国。

（4）苏门答剌、溜山线——自苏门答剌过帽山，西南好风行 10 日，可至溜山国。

（5）苏门答剌、南浡里线——自苏门答剌往正西，好风 3 昼夜可至南浡里国。

（6）苏门答剌、满剌加线——宣德八年（1433）四月十二日，自苏门答剌回洋，二十日至满剌加国。

9. 以淡洋为起点，有下列一单线：

淡洋、满剌加线——自淡洋 3 日可至满剌加。

10. 以龙涎屿为起点，有下列一单线：

龙涎屿、翠兰屿线——自龙涎屿西北行 5 昼夜，可至翠兰屿。

11. 以帽山为起点，有下列一单线：

帽山、锡兰线——自帽山好风向东北，行 3 日见翠兰屿，西行 7 日见莺歌嘴山，再两三日到锡兰国别罗里。

12. 以锡兰为起点，有下列四线：

（1）锡兰、古里线——自锡兰国顺风 10 昼夜，可至古里国。

（2）锡兰、溜洋（即溜山）线——自锡兰国顺风 7 昼夜，可至溜山国。

（3）锡兰、卜剌哇线——自锡兰国南去 21 昼夜，可至卜剌哇国。

（4）锡兰、小葛兰线——自锡兰国往西北好风 6 昼夜，可至小葛兰国。

13. 以古里为起点，有下列六线：

（1）古里、忽鲁谟斯线——自古里国顺风 10 昼夜，可至忽鲁谟斯国。

（2）古里、剌撒线——自古里国顺风 20 昼夜，可至剌撒国。

（3）古里、阿丹线——自古里国顺风 20 昼夜，可至阿丹国。

（4）古里、祖法儿线——自古里国顺风 20 昼夜，可至祖法儿国。

（5）古里、天方线——自古里国西行三个月，可至天方国。

（6）古里、苏门答剌线——宣德八年（1433）三月二十日自古里回洋，四月六日至苏门答剌国。

14. 以小葛兰为起点，有下列二线：

（1）小葛兰、木骨都束线——自小葛兰国顺风 20 昼夜，可至木骨都束国。

（2）小葛兰、柯枝线——自小葛兰国西北行，好风 1 昼夜，可至柯枝国。

15. 以忽鲁谟斯为起点，有下列二线：

（1）忽鲁谟斯、天方线——自忽鲁谟斯行 40 昼夜，可至天方国。

（2）忽鲁谟斯、古里线——宣德八年（1433）二月十八日自忽鲁谟斯回洋，三月十一日至古里国。

16. 以昆仑洋（指越南南部东面海上昆仑岛附近洋面）为起点，有下列一单线：

昆仑洋、赤坎线——宣德八年（1433）五月十一日回国至昆仑洋，二十三日至赤坎。

17. 以赤坎为起点，有下列一单线：

赤坎、占城线——宣德八年（1433）五月二十三日回国至赤坎，二十六日至占城国。

18. 以外罗山为起点，有下列一单线：

外罗山、崎头洋线——宣德八年（1433）六月三日回国至外罗山，六月十四日至崎头洋。

19. 以崎头洋为起点，有下列一单线：

崎头洋、碗碟屿线——宣德八年（1433）六月十四日回国至崎头洋，十五日至碗碟屿。

20. 以碗碟屿为起点，有下列一单线：

碗碟屿、太仓线——宣德八年（1433）六月十五日回国至碗碟屿，二十日过大小赤，二十一日进太仓。

以上所举综合的航路，有重要的出航地点，有驶完一段航程所需的具体时间，而略去了沿途所经的若干地点。这仅仅是由历次航行概括出的一种虚拟的航路总线，并不是说郑和船队每次远航，都要循此42线而进行。航线和出航地点如此之多，对于郑和船队沿途进行多种多样的活动和适时进行补给，是很有必要的。

21. 经太平洋、印度洋的航线有下列六线：

（1）苏门答剌、锡兰线——自苏门答剌顺风12昼夜，可至锡兰港。

（2）苏门答剌、榜葛剌线——自苏门答剌顺风20昼夜，可至榜葛剌国。

（3）苏门答剌、溜山线——自苏门答剌过帽山，西南好风行10日，可至溜山国。

（4）龙涎屿、翠兰屿线——自龙涎屿西北行5昼夜，可至翠兰屿。

（5）帽山、锡兰线——自帽山好风向东北，行3日见翠兰屿，西行7日见莺歌嘴山，再2—3日到锡兰国别罗里。

（6）古里、苏门答剌线——宣德八年三月二十日自古里回洋，四月六日至苏门答剌国。

22. 印度洋航线有：

（1）锡兰、古里线——自锡兰国顺风 10 昼夜，可至古里国。

（2）锡兰、溜洋（即溜山）线——自锡兰国顺风 7 昼夜，可至溜山国。

（3）锡兰、卜剌哇线——自锡兰国南去 21 昼夜，可至卜剌哇国。

（4）锡兰、小葛兰线——自锡兰国往西北好风 6 昼夜，可至小葛兰国。

（5）古里、忽鲁谟斯线——自古里国顺风 10 昼夜，可至忽鲁谟斯国。

（6）古里、剌撒线——自古里国顺风 20 昼夜，可至剌撒国。

（7）古里、阿丹线——自古里国顺风 20 昼夜，可至阿丹国。

（8）古里、祖法儿线——自古里国顺风 20 昼夜，可至祖法儿国。

（9）小葛兰、木骨都束线——自小葛兰国顺风 20 昼夜，可至木骨都束国。

（10）小葛兰、柯枝线——自小葛兰国西北行，好风 1 昼夜，可至柯枝国。

（11）忽鲁谟斯、古里线——宣德八年（1433）二月十八日自忽鲁谟斯回洋，三月十一日至古里国。

23. 印度洋、红海航线有：

（1）古里、天方线——自古里国西行三个月，可至天方国。

（2）忽鲁谟斯、天方线——自忽鲁谟斯行 40 昼夜，可至天方国。

24. 横渡印度洋的航线有：

（1）锡兰、卜剌哇线——自锡兰南去 21 昼夜，可至卜剌哇。

（2）小葛兰、木骨都束线——自小葛兰国顺风 20 昼夜，可至木骨都束国。

（3）官屿溜、木骨都束线——官屿溜用庚酉一百五十更，船收木骨都束。

郑和下西洋航路之远、之繁复，在当时世界上是绝无仅有的。尽管由于历史条件的限制和各种局限性，地理大发现的历史使命未能由郑和船队来完成，但郑和船队所经历的航路，在那么广大的范围内，发展起了亚非各个沿海国家和地区之间纵横交错的海上交通，沟通和加强了西太平洋和印度洋沿岸各国之间的联系，不仅在航海史上划了一个时代，而且对世界文明的发展也做出了重大贡献。

第三节　郑和船队航海保障与组织联络

（一）郑和船队航海保障主要有船舶的更新与维修、各种应用物资的准备、食物和淡水的供应以及医疗保健

郑和七下西洋的壮举，在 600 多年后的今天仍然令人们惊叹。当时这一壮举得以实现，郑和船队航海保障得力是一个非常重要的因素。郑和船队的航海保障工作与大航海时代欧洲航海家的船队不同，有自己的特点，两者之间并没有可比性。永乐时期国家强盛，重视发展海外关系，国家为下西洋之举的方方面面做好了充分的准备，船队的航海保障工作也是其中之一，并且得到明朝最高统治者的高度重视，成为下西洋诸多准备工作的重中之重。船队的航海保障工作，主要分国内与国外两部分，国内部分主要保障船队船舶的更新与维修，下西洋各种应用物资的准备；国外部分主要是远洋航海的后勤保障工作，主要是船队食物和淡水的供应，以及医疗保障。

郑和船队中的巨型宝船，主要建造于南京宝船厂。宝船厂集中了全国的优秀造船工匠，不仅分工细密明确，造船的生产设备也比较先进，加以有国家雄厚的物力财力作后盾，造船不惜工本，就能及时完成明朝廷下

达的建造宝船的命令，并能保证宝船质量符合远洋航行的要求。当时福建也是重要的建造宝船的基地。据《明实录》记载："永乐二年正月癸亥，将遣使西洋诸国，命福建造海船五艘。"① 又据清乾隆《长乐县志》记载："太平港在县西半里许，旧名马江。……明永乐间，太监郑和通西洋，造巨舶于此，奏改太平港。"② 南京及福建等地为下西洋打造船舶的船厂，在船队回国期间，也负责船舶的维修工作。在海外，郑和船队在满剌加和苏门答剌设有官厂，其设于满剌加三宝山的官厂主要是船队的仓库；其设于苏门答剌的官厂不但用作仓库，还是船队的船舶维修基地。船队在海外设立的仓库和船舶维修工场，对保障郑和航海也发挥了重要的作用。

在下西洋应用物资的准备方面，南京作为郑和航海在国内的主要基地，承担了主要的责任。在郑和第七次下西洋前夕，即宣德五年（1430）七月二十六日，明宣宗朱瞻基就下西洋应用物资的准备，给南京守备太监杨庆、罗智、唐观保，大使袁诚下了一道诏书："今命太监郑和等往西洋忽鲁谟斯等国公干，大小船六十一只，该关领原交南京入库各衙门一应正钱粮并赏赐番王头目人等彩币等物，及原阿丹等六国进贡方物给赐价钞买到纻丝等件，并原下西洋官员买到磁

① 《明成祖实录》卷26。
② 乾隆《长乐县志》卷3《港》。

器铁锅人情物件，及随船合用军火器、纸札、油烛、柴炭，并内官内使年例酒油烛等物，敕至，尔等即照数放支与太监郑和、王景弘……等，关领前去应用，不许稽缓。"① 诸如上述"随船合用"的各种物资，都是船队航海保障不可或缺的，由明朝最高统治者直接命令郑和航海基地的最高行政长官负责筹措，就能够使船队有关的航海保障工作一步到位，不致有所疏漏。郑和船队在国内的航海基地，除了南京以外，江苏的太仓和福建的长乐也是重要的航海基地，对船队的航海保障工作发挥了重要的作用，做出了重要的贡献。在京城主要为船队准备金币银两铜钱、各色纻丝纱锦以及粮食军器等物，在太仓又装入大批的瓷器，各色纻丝、缎匹、纱棉，以及天天要用的盐酱茶酒油烛等件。太仓地区是江南著名的粮仓，新收下来的稻米，在这里一袋又一袋地装船，同时也补充了新鲜的淡水。在中国福建沿海，特别是泉州，有着素称发达的远洋航海业，在航海保障方面有着深厚的基础。从南宋至元代，泉州由于具有国内其他任何港口都不具备的种种发展海上贸易的优越条件，因而它的对外贸易超过了素称繁荣的广州港，而跃居全国首位。南宋以来，与泉州有着频繁海上通商往来的国家，不仅有东亚、东南亚、南亚、西亚诸国，而且有远在东非的桑给巴

---

① 巩珍：《西洋番国志》卷首。

尔、索马里，北非的埃及等国，其中以大食（阿拉伯）、占城、三佛齐、阇婆等国与泉州的海上贸易往来最为密切。宋代经泉州港出口的商品，主要有陶瓷器、丝绸、绢帛、锦绫、铜、铁、铅、锡、金、银、钱币、铁器、漆器、糖、酒、茶叶、川芎、朱砂、大黄、黄连、白芷、樟脑、麝香、荔枝等60多种，其中以瓷器、丝织物为主要输出品。元代泉州港出口的商品，主要有丝绸纺织品、瓷器、金属制品、食品、医药品等，丝织物和瓷器仍在出口商品中名列前茅。其中泉州产的"泉缎"，驰名海外，远销南洋、印度、西亚、东北非、欧洲各地。虽然到了明代泉州没有以前那么繁盛，但仍可为郑和下西洋提供丰富的物资和人力资源。船队来到长乐后，在等待冬季信风的同时，又往船上搬运从福建及其周边省区征购来的当地土特产和传统的外销产品，以及其他海外贸易所需的货物。船队自太仓起航以来消耗的粮食、淡水、蔬菜、水果和各种副食品等，也在这里进行了补充。

在《闽都别记》中记述，当郑和率领船队来长乐驻泊期间，长乐太平港一时聚集了500余艘船只。在这些船只中，绝大多数是为下西洋船队提供各种需用物资而来到太平港的。船队在长乐期间，又招募了一些福建地区富有航海经验的火长（船长）和水手；他们世代以航海为生，尤其是一些惯常远洋航海的火长和水手，其航海经验和对航海技术的掌握，在沿海各省船民中是居领先地位的，他们应募加入下西洋的队伍，不但解决了生计问题，而且可以发挥特长，为下西洋的航海技术保障工作做出自己的贡献。

船队驶离长乐以后，就要远离近岸，向大洋深处驶去，直达海外国家，一定要保障大小船舶没有隐患，经得起惊涛骇浪的考验，因此，船队在长乐候风期间，船队的木捻、搭材、铁锚等工匠，负责对船舶进行保养和维修，这也是船队航海保障工作的一个重要方面。

在郑和航海的区域内，中国拥有悠久的航海传统，在远洋航海的后勤保障方面，尤其是食物和淡水存储方面，积累了丰富的经验，可资借鉴。郑和使团中的庶务人员，由买办、书手、办事、余丁、民稍、养马、小厮、厨役、家人等杂佐（后勤）人员组合而成，船队的航海后勤保障工作，主要由他们承担。郑和航海的区域多位于亚热带和热带，物产丰富，在食物方面，各类主食和副食皆有。主食有大米、大麦和小麦；副食畜禽类有鸡、鸭、鹅、牛、羊、马、驴、猪、鱼等，野味有鹿、兔、驼鸡、骆驼等，更不乏新鲜蔬菜和水果；此外，还有各种植物、矿物和动物性的药材，可供给船队生活和医疗所需。郑和船队与所访问的亚非各国建立了睦邻友好关系，可给予郑和船队的食物、淡水以及其他后勤保障工作以有力的支援。郑和下西洋每一次都访问了众多的国家，又采取了大舰和分舰分头活动的方式，每一段航程需时都不算太长，少则一天或几天，多则十几天，很少有超过 20 天的，能够对船队在前一段航程中所消耗的食物、淡水等食物进行补充（据营养学家讲，人一次进食所摄取的维生素，可维持 20 天，而保持生命正常的体征），对一些伤病员也可以转移到陆上医治和疗养。所有这些有利的条件，在稍后的欧洲航海家那里都是不具备的，因此，郑和船队在没有遭遇海难的情况下，并没有因为食物和淡水供应等后勤保障方面的问题而蒙受重大损失。欧洲航海家在远洋探险中所遇到的坏血病一类的问题，在郑和船队中并没有出现。郑和船队除了利用到访各国之际，在该国随时采办各色蔬菜和水果来解决吃菜和补充维生素的问题，还可以靠发豆芽来解决吃菜的问题，我们在史籍中见不到有关郑和使团人员遇到坏血病一类的问题，这是当时中西方航海的航海条件迥然不同所使然。

医疗保障是郑和下西洋航海保障的一个重要方面。郑和下西洋，远离祖国，长期漂泊于异国他乡，要在各种气候条件下，在水土各异的区域，与海洋作斗争，与形形色色的流行病与地方性疾病作斗争。战胜种种意想不到的疾病的侵袭，保障航海人员的健康，是胜利完成规模空前的远洋航海事业的前提。在郑和使团中，掌管治病疗养卫生等事的医官医士，共一百八十名，船队平均每一百五十人就配备一名医务人员。有不少的医官和医士选自太医院。据《嘉兴府志》记载："陈以诚，号处梦，枫泾（属浙江嘉兴——笔者注）人。善诗画，尤精于医。永乐间，应选隶太医院，累从中使郑和往西洋诸国。归擢院（指太医院——笔者注）判。"① 像陈以诚这样以精通医术而被选入太医院的名医，被派到郑和使团中担任驻船医官，足见明朝廷对郑和船队的医疗条件是极为重视的。在郑和使团的医官中，还有一些"御医"，都是当时全国一流的医生。郑和使团中的医务人员不仅精于医术，而且人数众多，是因为郑和船队中的医务人员除了随时要给使团成员治病外，还要对所经国家和地区进行属于现代医学的流行病学范畴的调查工作，以对各地的流行病和地方性疾病及时采取预防措施。这种调查工作，还包括了解各地导致疾病发生的气候、水质等地理环境因素，疫情以及"瘴气"的状况；还要了解当地治疗地方病的方法、本地的相关药物和处方等。郑和船队中的医生们，具有丰富的卫生保健知识，会按照卫生学方面的要求，合理安排使团成员在海上航行或在各国停留期间的日常生活，以增强免疫抗病的能力。

---

① 《古今图书集成·博物汇编·艺术典》卷531《医部·医术名流列传》，引《嘉兴府志》。

这些随船的医生们，也会利用自己特殊的有利条件，沿途注意搜集各种未曾见过的药物，并做出鉴定，对所至各国，在医学、药学和营养学方面，凡有独到之处，也很注意吸收。这样，不仅进一步完善了船队的医疗条件，而且也丰富了祖国的医药学宝库，为中国人民的健康事业做出了贡献。这些医官医士有姓名事迹可考的，除前面介绍过的太医院医生陈以诚外，尚有陈常、彭正等人。据《松江府志》记载："陈常，字用恒，上海人。世业儒。常传外氏邵艾庵医，即有名。永乐十五年，遣使下西洋，常以医士从。历洪熙宣德间，凡三往返。恭勤厚恕，上官皆器重之。……计所涉历，自占城至忽鲁谟斯，凡三十国。平生足履人所不到，目见人所不知，未尝自多。临终但曰：今不葬鱼腹矣。子经，字宗理，世其医。教授里中，循循有矩度。"① 陈常不仅医道高明，而且责任心极强。为郑和使团服务的医官医士，必须是医术医德兼优的人才，否则是不能胜任工作的。又据《江南通志》记载："彭正，字恩直，太平府人。永乐间，以良医再使西洋。子宾世其业。"② 中国古代有句俗话："不为良相，便为良医。"彭正世称其为良医，可见也是一位道

---

① 《古今图书集成·博物汇编·艺术典》卷531《医部·医术名流列传》，引《松江府志》。
② 同上。

德修养深厚的医务工作者，是郑和使团中一位值得尊敬的人物。陈常和彭正都有一个特点，就是其子世传父业，成为医学世家。这从一个侧面反映出，郑和使团中的诸位名医，在屡次下西洋从医的过程中，一方面为挽救使团成员的性命、保障广大下洋官兵的健康，做出了十分重要的贡献；另一方面又在接触治疗形形色色疾病的同时，使自己的医术和经验得到提高，远远超过在国内一般情况下所能达到的水平，而自成一家，拥有丰富的医学经验可传给后人，就有条件形成医术名流世家了。郑和使团成员奉使西洋诸国，出入于涨海炎风瘴疠疾疫之乡，气候风土，俱所不习。水土不服，航海辛劳，易患疾病死亡；有些溺水者，也需要及时抢救；故而医官医士之数，较他职为多。郑和航海，对使团全体人员的身体健康问题十分关注，为之投入足够的力量，组织了阵容强大的医疗队伍，建立了完备的医疗制度，充分显示出其"科学航海"的特色。郑和船队医疗保障之先进，在世界航海史上是没有先例的。

（二）郑和船队各船之间近距离联络靠旗、灯和音响信号，远距离靠训练信鸽而建立的航空传递系统

郑和七下西洋，每次人数在两万七八千之间，动用船只多则二百余艘，一般不少于一百艘，如此庞大

的船队,又一次分别访问那么多国家,最后众船一起"结综回还",说明船队有着相当好的通信联络系统。郑和船队是怎么解决通信联络问题的?目前为止,似乎没有专门的论述。一些关于郑和的论著在涉及这个问题时,都是根据罗懋登《三宝太监西洋记通俗演义》中的记述,认为在没有无线电通信手段的 15 世纪,所能用的海上通信手段只有视觉通信和听觉通信,也就是靠旗、灯和音响信号。据《三宝太监西洋记通俗演义》记载,郑和船队的通信手段是:"昼行认旗帜,夜行认灯笼,务在前后相继,左右相挽,不致疏虞,如遇敢有故纵,违误军情,因而偾事者,即时枭首示众。"《三宝太监西洋记通俗演义》中对"昼行认旗帜"有具体说明,"号带一条,大桅旗十顶,正五方旗五十顶"即代表不同含义的各色旗语。夜间通信联络办法,主要靠灯笼,《三宝太监西洋记通俗演义》中有"灯笼一百盏"的记载。船队在夜航中以灯光为号,则是常见的。

《三宝太监西洋记通俗演义》中的有关记载,并非来自郑和航海的第一手资料。正像《三宝太监西洋记通俗演义》对郑和船队编队的描写,系抄自戚继光的《纪效新书》那样,该书对郑和船队相互联络的描述,也是从《纪效新书》中抄来的。如遇海上能见度低时,则用音响信号进行联络。《三宝太监西洋记通俗演义》中提到的"大铜锣四十面，小锣一百面，大更鼓十面，小鼓四十面"等物件，除作为作战指挥用之外，还可用于传达号令和信息，以便在能见度不佳时，保持有效的联络。除锣、鼓之外，还有喇叭和螺号也用于通信联络。即使天气良好时，音响信号也可用于指挥诸如前进、后退、举炊、集合、起碇、升帆、抛锚等活动。《三宝太监西洋记通俗演义》中的有关记载，虽然并非来自郑和航海的第一手资料，但郑和船队各船之间近距离联络，靠旗、灯和音响信号，应该是不会离谱的，只是具体的布置和操作方法，未必像《三宝太监西洋记通俗演义》中的有关记载那样，因为那毕竟是戚继光水军的联络方法。由于戚继光的水军没有进行过远洋航行，在《纪效新书》中就没有关于船队如何进行远距离联络的记载，罗懋登无从抄起，在《三宝太监西洋记通俗演义》中也就少了有关记载，导致今天的有关论述中，也缺乏这方面的内容。

郑和下西洋之际，在南洋一带郑和船队经常停留的地方，如苏门答剌、满剌加等地，不仅有郑和船队所设的"官厂"（仓库），还有郑和船队所设立的有关联络和通信的机构、设施，以便明朝廷与郑和使团之间、郑和船队大艅与分艅之间及时互通消息，传达命令。郑和船队常年活动在海外，却能与本国之间，以及在大艅和分艅船队相互之间保持一定的联系，及时传递信息，说明船队建立了快捷有效的通信系统。这个系统就是靠训练信鸽而建立的航空传递系统。人类利用信鸽作为远程通信的工具，有着悠久的历史。据达尔文的《物种起源》一书介绍，大约在公元前2000多年，埃及的第五王朝就驯养鸽子。中国也是养鸽的古国，有着悠久的历史，在《越绝书》上就有"蜀有苍鸽，状如春花"的记载。秦汉时期，宫廷和民间都醉心于各种鸽子的饲养与管理。相传早在楚汉相争和张骞出使西域的时候，鸽子就被用来传递信息了。隋唐时期，在中国南方广州等地，已开始在航海中用鸽子通信，在《唐国史补》中就指出"南海舶，外国船也，每岁至安南、广州……舶发之后，海路必养白鸽为信，舶没，则鸽虽数千里亦能归"。这说明在海上远航的人们已用鸽子传递信书，以向家人报平安或其他信息。唐宋时期，养鸽之风极为盛行，在当时杭州一带，以养鸽为乐，在鸽腿上系上风铃，数百只群起群飞，望之若锦，风力振铃，铿如云间之佩。当时不但民间好鸽，皇室也不例外，唐朝宰相张九龄，在岭南家乡，曾养群鸽，并用鸽子与家人往返传递书信。到南宋时，高宗赵构更是迷恋养鸽，甚至不理朝政，故有人曾写打油诗，如《古杭杂记》中写道："万鸽飞翔绕帝都，朝暮收放费工夫；何如养取云边雁，沙漠能传二圣书。"

明朝时，中国的养鸽技艺已具相当水平，据《鸽经》记载，明朝正统年间在淮阳，一日大风雨，有鸽坠落在主人屋上，十分困乏。被捉之后，正准备杀吃，忽见足上有一油纸封裹的信函。看封面题字，知道该鸽是从京师来的，时间仅有 3 天。从这段记载可以看出，从淮阳到京师，只有 3 天，空距 700 多千米，足见当时信鸽的飞翔水平。

中国人训练鸽子的技艺，虽然也有相当悠久的历史，然而中国封建统治者并没有像阿拉伯历代哈里发那样，建立起使用信鸽的国家情报网，在中国古代通常只出于商业目的而使用信鸽。依靠飞鸽传书来完成通信联络的任务，对郑和船队来说就非常重要了，可为船队提供远程传报服务。明朝廷所设立的旧港宣慰司的存在，对郑和船队在海外建立四通八达的航空传递系统，也起到了积极的作用。当然，郑和使团常年在海外活动，也使郑和船队的航空传递系统逐步得到完善。

第四章 探访肯尼亚帕泰岛
"中国村"

第一节 非洲发现郑和部属后裔

（一）媒体报道后经记者实地采访发现郑和部属后裔

1999年6月12日和15日，南非中文报纸《侨声日报》先后以"郑和部下后裔现居东非肯尼亚"和"东非肯尼亚小村'上加'之名源出'上海'"为题，报道今日肯尼亚东海岸的帕泰岛上，居住着郑和部属的后裔这一新闻。《侨声日报》创刊于1931年，是非洲创办最早的一份华文报纸，该报报道肯尼亚居住着郑和部属后裔消息的新闻摘译自《纽约时报》（*New York Time Magazine*）关于美国女作家雷瓦西（Louise Levathes）写作郑和传《当中国称霸海上》的报道。该书的英文名为 *When China Ruled the Seas*，可意译为

《中国的海洋时代》，1994 年由牛津大学出版社出版。
该书女作者为自己取了个中文名字"李露晔"。

　　李约瑟《中国科学技术史》第四卷第三分册第
二十九章专门论述"航海技术"，并特意提到"三保
太监"和"中国与非洲"。在该章中，李约瑟指出，
东非沿海一带发现了大量中国古钱币，"在桑给巴尔
的卡坚格瓦（kajengwa）的一大重要发现就是出土了
中国货币窖；这也许是一位外来移民的积蓄，也许是
一位去过印度或中国的桑给巴尔人的积蓄。曾有报道
说，在索马里和肯尼亚海岸外面的巴均群岛（Bajun
Islands）上，就有这样的中国移民，多为渔民，而且
只讲当地语言"。① 该书在对这一段的注释中写道：
"帕泰古城就在其中的一个岛上。"② 由此可见，李约
瑟所言的"巴均群岛"应是"拉木群岛"，因为帕泰
古城位于拉木群岛的帕泰岛上，而巴均群岛则位于拉
木群岛之北，在索马里海岸外面。拉木群岛由大小不
同的五个岛屿组成，拉木岛（Lamu）、曼达岛（Man-
da）、帕泰岛（Pate）、恩多岛（Ndau）和基瓦尤岛
（Kiwayu），从南向北沿着大陆海岸线依次排列，其
中拉木岛和曼达岛二者之间距离最近，且面积几乎相

_____

　　① 李约瑟：《中国科学技术史》第四卷第三分册，科学出版社、
上海古籍出版社 2008 年版，第 548 页。
　　② 同上。

同，帕泰岛面积最大，约 75 平方千米，最北边的两个岛屿面积最小。拉木城是五个岛屿中仅有的一座城市，也是五个岛屿的行政首府所在地。《中国科学技术史》中的这段文字，应该是迄今为止关于帕泰岛居住着郑和部属后裔的最早文字记载。

在肯尼亚，雷瓦西（李露晔）曾遇到过一名自称是数百年前帕泰岛上中国海难幸存者的后裔。当年，一艘中国巨轮在该岛附近沉没，船员挣扎着登陆海岸，并且定居下来，后与当地土著女子结婚，延续后代至今。这段被尘封数百年的往事引起《纽约时报》记者纪思道的兴趣，他于 1999 年 2 月前往肯尼亚，冒险登上丛林密布、无路无电的帕泰岛，在岛上发现那里人们的眼睛、头发和皮肤带有明显的亚裔特征。尽管这一报道似蜻蜓点水，加之人名地名很难辨认清楚，但它引起时任《人民日报》驻南非首席记者的笔者极大的兴趣，加以南部和东部非洲国家是人民日报社南非分社的业务管辖范围，便在当地友人的协助下，在三年的时间内数次探访肯尼亚帕泰岛"中国村"等地，踏寻郑和当年的足迹，探访郑和部属的后代今日的生活，发掘一个鲜为人知而又引人入胜的真实故事，以确凿的事实，证实沉船的史实，印证了非洲发现郑和部属后裔一事。

（二）非洲郑和部属后裔源于拉木群岛帕泰岛的"中国村"

郑和船队为何来到拉木群岛呢？这与拉木群岛的地理位置有关。拉木群岛位于赤道附近三条古老河流的入海口，岛上平坦的地势是由河流入海口石化了的珊瑚礁形成的，除东南面的一些沙丘外，整个岛屿仅高出海平面几米。近千年前，拉木群岛是适合人类居住的好地方：河水将大陆肥沃的土壤冲到岛上，赤道附近的海洋型气候带来充沛的雨量，这两项保证了农作物的生长；珊瑚礁形成的海岛，沿岸一带底层坚硬，赤道海潮涨时利于船只靠岸，而当落潮时船只又可就地泊位，这在古代堪称天然良港，而上加村的港口最为优良；沿海密布的红树林和海榄雌为建筑房屋提供了难得的木料，红木与大象成为外地商人寻觅和宠爱的对象；赤道季风和洋流为非洲与亚洲之间的海上贸易提供了天然条件，这也是郑和船队能够远航非洲的主要原因之一。这些，就是造就帕泰岛成为古时商贸中心的外因，遂使拉木群岛成为非洲，特别是东非的"入口处"。仅就帕泰岛而言，考古学家认为三个主要城市在历史上的繁荣期依次是：上加在 12—16 世纪，帕泰在 16—18 世纪，西游在 16—19 世纪。郑和船队在 15 世纪初期来到这里，正是上加历史上的繁荣时期，对郑和船队在非洲东岸登陆和开展商贸活动都是很有利的。

继上加"中国村"之后，郑和船队落难官兵又在帕泰岛创立了另一个"中国村"——西游村。笔者在对熟知西游村史的西游村"头人"、58 岁的库布瓦·穆罕默德（Kubwa Mohamed）进行采访时，他首先强调："西游村是由中国人最先创立的，没有中国人，也就没有现在的西游村。"关于西游村创立的经过，他指出，西游村原是一片荒野，由于靠近海岸，水源比较充足，逃难到上加村的中国人首先为寻找水源来到这里定居。"后来，帕泰村的统治者从西面打到上加村，用武力征服上加村，打得村民无处藏身，其余的中国人和当地居民纷纷来到这里，西游这个最早由中国人创建的居民点也就逐渐发展成为村落。"关于此后西游村的命运，穆罕默德继续讲述道："后来，葡萄牙人又登陆帕泰岛，从上加村一路打过来，打得西游村鸡犬不宁，还在这里建筑了城堡，西游村当年的伤亡很大。接着，阿拉伯人从桑给巴尔岛北上至此，以后又是斯瓦希里人抵达，西游村从此成为帕泰岛上最大的村庄，直到今天也是人口最多的村庄。"

据史料记载，西游村自中国人创建后，人口悄然激增，一时成为"整个地区跳动的脉搏"，人口始终高居帕泰岛之首，1873 年时共有 1 万人。1885 年前后发生的一场天花夺去了约 1400 人的性命，不少人为逃命而移居大陆，至 1897 年人口锐减到 5000 人。在 1750—1850 年的百年间，帕泰岛人口数达到顶峰时期，当时帕泰村的人口在 2 万人至 2.5 万人之间，西游村的人数最高达 3 万人，超过 1890 年桑给巴尔岛的总人口。①

关于后来中国人的情况，穆罕默德说："来到帕泰岛的中国人全是男人，他们在上加时就与当地妇女结婚成家，生儿育女。举家来到西游时，又不断地受到骚扰，加之西游村的自然条件不断恶化，为了生计，他们逐渐地离开了，沿着大陆海岸南下，不知具体去向。有的讲他们去了马林迪，有人说他们去了蒙巴萨，总之是沿海一带的城市。"据马林迪博物馆馆长讲，葡萄牙人到马林迪时，就遇到过当时在马林迪居住的中国人。根据这一情况，中国人从西游村去马林迪的可能性最大。那次船难发生后不久，明帝国自宣德朝以后改变了对海外积极进取的政策，中国人从此停止了大规模下西洋，帕泰岛的中国人在等不到郑和船队或其他中国船队再访时，满怀希望沿着东非海岸寻找郑和船队或其他中国船队的可能性是存在的。因为长颈鹿是马林迪国王贡奉中国皇帝的，影响深远，到马林迪寻找应在情理之中。

① See Paper, J. de V. Allan, *Siyu in the 18th and 19th Century*, the University of Nairobi, provided by lamu museum.

穆罕默德认为，中国人创建了西游村，西游村无疑受到中国人的影响。比如，村里现在还有铁匠，打造劳动工具，据说这是由中国人传授的；也有个别人懂一点中医，这当然是中国人带来的。他听村里的先辈们讲，很早以前西游村的中国人有个传统：人们去世后不是就地埋葬，而是把灵柩抬到上加村埋葬，因为他们最早到达的是上加村。他不明白其中的缘由，笔者向他解释说，这可能与中国人讲究叶落归根的传统有关系，既然回不了中国，权且将上岸后最早抵达的上加村当作"老家"。导游同时补充到，中国人的坟墓也与当地人不同，是一个大的半圆形冢，现在的西游村遗址还有这样的坟墓，坟墓周围还镶嵌有瓷盘，后来被人偷走了。从上述可见，没有中国人的创建，就没有上加村和西游村，肯尼亚帕泰岛"中国村"的存在，使人们终于在非洲发现郑和部属后裔。

第二节　船员当年落难东非孤岛

（一）帕泰岛的上加村和西游村是郑和船队落难船员的落脚地

拉木群岛帕泰岛上的几个村庄，几乎全与中国有关系，拉木人个个知道中国村，对上加（Shanga）不叫"上加村"，而叫"中国村"，凡岛上来的居民，先问他们是否从"中国村"来，而中国村里的人个个知道他们与中国有渊源关系，这与帕泰岛附近的一艘中国古船触礁沉海有关，那些礁石现在还能清楚地看到，船只每行到附近都要倍加小心。帕泰岛上有五个村庄，帕泰、上加和西游（Siyu）是三个主要的村庄，位置由西至东再向北，形成一个三角形，其他两个村子——法扎（Faza）和春杜瓦（Tundwa）比较小，分布在东北海岸。

帕泰岛的附近，一排礁石犹如一头头怪兽匍匐在水面上，初看是五六个，细看又成为七八个，附近暗礁密布，郑和船队的一艘船就是在那里触礁下沉的。帕泰岛当时相当发达，富人以收藏和使用中国瓷器、穿戴中国丝绸为荣，而帕泰岛的上加港当时也是著名的深水港，来往的船只很多，郑和船队这艘船只是来与帕泰岛进行互市贸易的，未料发生意外，关于中国船只遇难的原因，当地有几种不同的说法，其中之一认为，那艘中国船只当时是夜间朝着帕泰岛的港口方向行驶，只注意观看前方港口的灯塔而忽视了黑暗中靠近船头的礁石，因而触礁。在触礁下沉慌忙之中，船上的数百人纷纷抛出载运的小船逃命，并从大船上快速搬下瓷器和丝绸等贵重物品。他们当中，约有400人划向帕泰岛，沿着杂草丛生的海岸在上加村登陆，用随身携带的中国瓷器和丝绸与当地人交换食物和钱财，并以此落脚下来。后来，除约40人继续留在上加村外，其余分两路离开，约100人向西来到了帕泰村，约260人北上去了西游村。

（二）缺水、疾病和外来的入侵迫使大多数郑和部属及其后裔离开帕泰村

当时的帕泰村很大，由于缺乏饮用水，加之又流行过一次严重的疟疾，不少人被迫离开，帕泰村的人口锐减。就中国人而言，目前只剩下3户了。这也与帕泰岛当时经历了外来的入侵而发生的变迁有关。这个岛最早的首领叫巴塔威（Batawi），其家族14世纪初至17世纪统治着帕泰村。后来，纳巴汉（Nabahan）来到帕泰村，为便于统治，他首先向村民传播伊斯兰教，受教化的居民也就屈从于他，他便逐渐取代了巴塔威的领导地位。后来，阿拉伯人从坦桑尼亚的桑给巴尔岛北上至此，推翻了纳巴汉的统治，直到英国人占领之日。中国人登陆帕泰岛后，逐渐与当地女子成家，入乡随俗，落地生根，生儿育女，融入当地社会，但仍保持着故土中国的影响。所以，尽管帕泰村的统治者不断易人，但是帕泰村的生活习俗和文化传统一直没有发生多大变化，进村后会十分容易地发现中国的影响，村里的房子的风格也类似于中国的建筑。

目前帕泰村的总人数是2350人，分为两大部分，

由两大部落组成，两个部落的名字分别为纳巴汉和波科姆德（Pokomd），中国人仅剩下 3 户，瓦法茂（Wafamau）是他们的共同姓氏，也成为帕泰岛上"中国人"的代称。比较而言，"瓦法茂"是富人，他们的祖先当年带来的瓷器和丝绸等贵重物品为他们垫了家底，现在每家都有地，加上他们比较勤劳，生活也就宽裕一些。这一带的主食是玉米和香蕉，除农民外，"瓦法茂"中也有渔民、商人等，在海上捕鱼或做水果买卖。也就是说，他们与当地大多数人的饮食结构差不多。帕泰岛上不产蔬菜，就连土豆、葱头这类蔬菜也要到拉木岛去买，而且很贵，因为拉木岛的蔬菜也是从大陆那边贩运过来的。因交通不便和经济困难，帕泰岛上的人常年基本上吃不到蔬菜。这恐怕也是当年多数中国人离开帕泰岛的原因之一。

第三节　一条扁担挑出"中国情"

（一）用扁担挑水老人的中国情结

笔者在帕泰村采访时，曾迎面邂逅一位挑水桶的精瘦老人。老人一直在注意着笔者，步伐越来越快，在离笔者还有二三丈远时，他猛地扔下肩上的担子，几乎是小跑着迎向前，老远就伸出的双手一下子紧握住笔者拿着相机的双手，以渴望的目光注视着笔者，双唇轻轻嗫嚅着，显然有些激动地说："你，你很像我的爸爸"，老人暂停了一下接着说："你就是我的爷爷，你一定是从遥远的中国来的，我的老家在中国。"说着说着，老人的眼睛湿润了。这突如其来的感人情景使所有在场者无不感到惊讶万分，吸引来了巷道里所有人的目光。两双手紧紧地握在一起面对面相视，陌生老人的长相确实与中国人非常相似——肤色浅、头发长、眼睛小、嘴唇薄。笔者与老人这时站在一起，与在场的其他人的区别顿时显而易见。

　　老人主动邀请笔者到他家去做客，他自我介绍叫萨利姆·布瓦纳赫里（Salim Bwanaheri），今年58岁。在交谈中，他说自己的祖先是从中国经东南亚乘船来到这里的，因船只遇难而久留此地，那是很久以前的事了。先辈对他讲，中国很大，离这里很远，乘船需要很长时间；中国的汉字是方块形的，中国的瓷器和丝绸世界闻名。更多的他就讲不出来了。他从后门旁边的墙窑窝取出一把黄色铁锁子说，他用的是"三环牌"锁子，上面写着"中国制造"，这是他家目前唯一与中国有关的东西。谈起目前家中的情况，他说自己有9个孩子，现在都离开了帕泰岛，最小的儿子阿利（Ali Salim Bwanaheri）今年22岁，现在拉木岛。听到"阿利"的名字，陪同的奥马里插话说阿利是他的小伙伴，和自己一样，目前在一个船上工作。次日上午在拉木岛，奥马里找来了阿利。阿利告诉笔者，他来拉木岛是为了学习，可来后没有钱，只好先找份船上的工作，给人当帮手。谈起郑和船队的事，他说："时间太久了，帕泰岛上目前没有一个人能讲清楚这个中国故事，只是知道一个大概情况。"他表示自己有兴趣进一步了解有关详情。

（二）帕泰村华裔至今仍保留着中国血统和传统

经过近 600 年的沧桑巨变，虽与当地居民通婚，融为一体代代相传，这些华裔身上还顽强地保留着中国的血统和传统。除眼睛、皮肤和头发都像中国人外，他们重视学习和家教，懂一点中医；新一代不满足现状，自己走出孤岛闯荡；自家筑有院墙，室内还有土炕，这在当地独一无二；使用扁担挑水，而当地人用车运水桶或是用手提；就连当地的饮食习惯也深受中国影响，椰子面烙饼的制作方法，特别是必须运用的小擀面杖，当地人也承认是从中国人那里学来的。肯尼亚大学历史学教授艾伦（J. de V. Allen）对西游村所下的定义：位于肯尼亚北海岸的帕泰岛的蜂腰地带，涨潮时可从沿途布满海榄雌的西部小湾乘船登陆；如果要从东部大洋登陆则更加不易。提起西游村，人们大都会想起那里的城堡。在这篇题为《18—19 世纪的西游村》（Siyu in the 18th and 19th Century）的论文中，艾伦认为西游村早期的人口分为九类：马谢里夫、瓦上加、瓦阿拉布、瓦哈迪穆、马法齐、瓦法茂、瓦塞格朱、瓦卡特瓦和瓦斯瓦希里，"如果从前缀词来看，则分为'马'和'瓦'两大类，前者意为'外来户'，后者特指'土著人'；前缀词后的词语或表示他们的来源地，如瓦上加的'上加'；或代表他们所讲的语言，如瓦斯瓦希里的'斯瓦希里'"。按此分类法，作者把"瓦法茂"归入"土著人"之列，足见瓦法茂居住在西游村的历史之久。作者在文中还强调："瓦法茂是指中国人，土石圆丘是瓦法茂人坟墓的特征。"由是观之，"瓦法茂"不应该是中国人的姓氏，而应是其类名。久而久之，两者混为一谈了。艾伦指出，18世纪末，西游村遭受外敌入侵，一个名叫马塔卡（Mataka）的年轻"瓦法茂"人挺身而出，带领村民英勇顽强御敌，击退了敌人的进攻，被群众推举为首领。作者还表示，历史上的西游村曾一度繁盛，吸引来周围不少手艺人和学者，被誉为"手艺人之城"，使西游村成为多种文化的交汇点。作者列举了在西游村发现的各种各样的艺术品后指出，其中的"高靠背方椅"是西游村的一个特产，坐上去比较舒坦，有后背可依靠。作者在考证时认为，这种椅子既不属于阿拉伯式样，又不是从海湾一带传入，也在当地找不到同类物，因而成为一个"谜"。其实，这种椅子来自中国，应是"瓦法茂"人的贡献。

事实上，中国人创建西游村，其贡献不仅限于"高靠背方椅"，更重要的是，与使用扁担挑水等中国传统一样，他们在继承和传播着中国文化。

第四节　中国后裔传承中华医术

（一）帕泰岛"中国村"的中国按摩与拔罐显示中国文化的影响

在上加遗址，在一座坟墓前，导游指着墓柱上凹圆形的印记讲解说："这是一个中国人的坟墓，墓柱上原来镶嵌着瓷盘子。"当参观者中有质疑："何以见得，有钱人的墓柱上同样镶有瓷器，但这不一定都是中国人。"导游解释说，他在参加发掘上加遗址时，考古专家在挖出坟墓时告诉他，坟墓里的死者，面向北者是穆斯林，因为伊斯兰教教徒墓葬时面朝麦加圣地，否则就不是穆斯林。坟前立有墓柱的，一般都有半圆形墓冢，尚未发现面朝北者。这一解释是很有说服力的，人们也由此推断出，中国人一般不信奉伊斯兰教。

上加村的原名叫姆坦噶尼（Mtangani），意为沙漠之地，中国人来后将村名改为上加（Shanga），源自中国的上海市。村长笑言："当上加村民，特别是孩子们去拉木城时，拉木人就问他们'Are you from Shanghai, China?'（你们是从'中国上海'来的吗？）或者干脆问'Are you from China?'（你们是从'中国'来吗？）久而久之，'上加村'也就变成了'中国村'。"

问及上加更名的出处，村长讲一是根据当地传说，代代相传至今；二是他曾在本国出版的一本世界历史书中读过这段历史。谈起当年中国船员到达上加的情况，村长这样讲："中国人到来之前，居住的是阿拉伯人，中国船只遇难后，上加距离遇难地点最近，加之易于登陆，逃难时的中国人自然首选上加。他们的突然而至出现了一系列新问题。诸如，与当地居民的语言交流困难，使这里本来饮用水不足的状况加剧，特别是中国文化与阿拉伯文化的融合出现摩擦与撞碰，宗教方面表现尤为突出。在这种情况下，再加上战乱和疾病流行等原因，本已在此安家落户的中国人逐渐离开了，这也是今天的上加村没有'中国人'的原因。"说到这里，他眼珠子一转："顺便提一句，村里的老人常常讲起马林迪国王向中国皇帝赠送长颈鹿的故事，我也在肯尼亚历史书中读到过这个真实故事。这个故事发生的时间与中国人登陆上加村的时间大致相同。"

至此，根据笔者在帕泰、西游和上加三个村子的采访情况，可以得出这样的结论：当年中国船难发生后，船员们先登陆上加村，后因种种原因，一部分人向西去了帕泰村，另一部分人朝北创建了西游村。上加遗址的考古专家认为，上加遗址的年代在 8 世纪中叶至 15 世纪初期，其中发掘的中国瓷器和陶器的年代从唐朝一直延伸至明朝，包括唐朝的漆陶器、橄榄绿陶器，以及明朝的青瓷和花瓷。考古学家进而认为，早在中国人登陆帕泰岛之前，中国瓷器和丝绸贸易已远抵这座孤岛和非洲东部沿海地区，只是由于沿海一带的气候不适宜丝绸制品长期保存，今天在这一地区的考古发掘中尚未发现。

"中国村"年轻的村长强调，尽管现在的上加村里没有"中国人"，但是作为"中国村"，中国文化在这里的影响比帕泰村和西游村都大得多，最明显的例子莫过于中国按摩与拔罐，附近诸岛的居民常慕名前来接受治疗。

（二）探访上加村按摩大夫的中医治疗医术

为让笔者具体地了解上加村中国后裔传承中华医术的情况，"中国村"村长热情地向笔者发出邀请："目前，上加村有 14 名按摩大夫，另有 7 人懂得拔罐治病，她们多是中老年妇女。我已为你约好了 4 人，分属 4 个家庭，她们都在等着你，咱们一起到她们家去吧！"

　　一位名叫姆瓦纳布里（Mwanabule）的按摩大夫，她的手艺是祖母教给的，祖母是从中国人那里学来的。谈起诊治疾病的种类，她用病例回答问题："当病人关节脱节时，他们找到我，我为他们正骨还原，如下巴颌骨脱节，胳膊脱臼等。""治疗的方法先是用双手慢慢地摸准位置，然后右手或双手突然猛使劲让其归位。复原后病人一般还能感到一点不舒服，再用手轻柔一阵以减轻患者痛苦，病人逐渐就会感觉正常。"

　　"有人肚子疼找上门来，我一般先为他们泡一杯生姜茶，也就是用当地的一种类似茶的树叶与生姜片一起冲泡，病人饮后再给他们轻轻按摩，效果比较显著。""还有，按摩身体的某部位时，特别是治疗腰背疼痛，一般用椰子油或是类似之物作为按摩油，这样腰背都会感到舒适点，按摩效果也能好一些。"

　　"治疗的次数因人因病而异，如头疼病人，一般一天按摩两次。再就是，治疗头疼时，我先用毛巾或是类似的东西在头部紧紧缠绕一周，然后再开始按摩，这样有助于消除病痛。"

　　"您按摩治病时除用椰子油外，是否还用其他辅助疗法，如中国的针灸或是其他办法？""我不会用针灸治疗，也不懂得更多的其他办法，不过有时治疗时会用 Kuumika。"村长解释说，Kuumika 是用动物的角制成的，制作的方法是：将动物的一个角锯下来，下端取齐，再取掉顶端。治疗时，先在角里面点燃火苗，然后快速按在皮肤上，再用食指按住顶端。对此，笔者觉得像是拔罐又感到似是而非。后来，村长在另一家专用拔罐治疗疾病的大夫家取来一个，放在自己的胳膊上为笔者示范，笔者才恍然大悟：他们的拔罐实际上是"按角"，是中医拔罐的变种，或者说是具有中国特色的"非洲拔罐"。

　　这位大夫最后问笔者，中国是否有类似的疗法，是否有治疗跌打损伤的配合药物？她讲，这里的按摩医生都是祖传的，没有学习和进修的机会，缺乏现代医药知识，只知道中国非常遥远，中国按摩如同中国功夫一样享誉世界。与这位大夫交谈后方知，她治疗眼病的方法类似眼睛保健操，同时按摩头部，以减缓眼睛压力，消除病痛。村长说："作为'中国村'，我们一向把中国视为自己的老家，至少是半个老家，恳请富裕起来的老家帮助我们打一眼水井，从根本上改变当地目前的吃水状况；我们的另一大困难是缺医少药，中医享誉世界，能否为我们办一所中医学校，培养一批医学人才，提高我们的按摩和医务水平；为解决当务之急，最好能为我们先建一个诊所。"平心而论，这三个请求并不为过，起码表明年轻的村长不是为牟私利，而是从长计议为村民着想，更何况这些请求与中国之间存在着特殊联系。看着村长父子认真的神情和企盼的目光，笔者一时手足无措，不知如何作答。怎样的答案才能使他们比较满意而又不是用虚情假意取悦对方呢？笔者这样对他说："我一定用我的报道把你的愿望转达给中国有关各方，我可以向你保证，我会告诉广大读者一个真实的上加村。"

法基伊是一位传承了中华医术的中国后裔，他这样介绍自己的家史：祖父母都有中国血统，头发和皮肤都像中国人，他们同时都是医生。这样，他的父亲和叔叔就长得非常像中国人。"你上次去我家时见过我小儿子，他叫阿纳斯（Anas），今年6岁，我自己小时候，如同他现在一样，村里人都叫'中国人'，头发长，皮肤白，眼睛小。"法基伊出身"杏林"世家。"我家是祖传的医生，据祖父讲，他的医术就是上一辈传下来的，祖父母、父亲叔父、我们兄弟仨都是医生，主要是中医。"法基伊说："我的医术主要是父亲传授的，父亲去世后，就跟着叔叔继续学习。叔叔是一名教师，家传的医术主要是按摩治病和中草药的制作方法，除从父亲和叔叔那里学习外，我后来有机会去蒙巴萨深造过，增加了针灸和脉络知识。"他说，自己能制作十多种药，这些药能治疗几十种病，主要是当地的一些常见病。制作的方法分为三类：一是汤剂，将各种药放在小锅里水煎30—60分钟；二是药丸，将各种草药先碾成细末或是捣成末状，再用蜂蜜和水相拌做成药丸，一般是黑色；三是药膏，将草药先制作成粉末，把蜡烛烧成液体、再加一些植物油与之搅拌……

"制药用的中草药从哪里来？"笔者问。"都是从村子周围采集来的，如树枝、树叶、树籽、草根、藤蔓、花卉，等等。"他脱口而出。"你是怎么知道这些植物具有药效的？""父亲和叔叔告诉我的，我从小就跟着他们到村外采集。""你知道那些草药的名称吗？""我只知道草药的阿拉伯名称，不知道英语叫什么。"应笔者的请求，他不假思索地一口气在笔者的采访本上写了一大串草药的阿拉伯名称，共 18 个。接着，法基伊详细介绍了两种汤剂处方和煎制方法。第一剂汤药主治关节炎，第二剂汤药主治浑身乏困无力。从中可以看出，汤药煎制时，不是同时放入锅内，而是区分先后顺序；个别药材还要先在水中浸泡一天后，才开始煎制；煎药时在煮沸阶段还需要搅拌；汤药煎好时，有的因药味太苦，在饮用时需要加糖；有的汤剂煎好后因过于浓，饮用时需要加水，等等。"这些药物的作用及其制作和饮用方法，主要是祖传的，也有的处方和制作方法是我自己创新的，除对症下药外，还要根据病情和患者的身体情况加减药量。"法基伊强调，关于治疗全身乏困无力的汤药具有"治疗和滋补"的双重功效。另外，他还有自己的"绝活"，比如，他研制的一种口服药具有催产作用。一次，他哥哥腰部出血，大家都说需要手术治疗，而他根据病情研制的汤药处方却治好了病。"我目前正在对治疗眼病的草药成分进行研究。"

西游村的不少村民都是法基伊医术的受益者，村里的"中国人"更是如此。当记者问及他家中还有什么与中国有关的东西时，法基伊说："除祖传的中医外，其他都没有了。20多年前，家中还有些中国瓷盘，当时有人来收购，也就卖了。"又接着说："你去过西游，知道那里的情况，人们太穷了，大多瞧不起病，我对多数人都是免费治疗。"由于自己的家族与中国之间的特殊关系，法伊基说他会留意有关中国的情况，"如果有朝一日能有机会访问中国，去那里深造中医，将是再好不过的事了"。法伊基表示，他不但要继续提高自己的中医水平，还要将这门祖传的医术世代传承下去。帕泰岛"中国村"郑和部属后裔在世代传承中国医术、惠及当地民众的同时，也必将中非传统友谊世代传承下去。

第五章 首批华人明初"移居非洲"

第一节 华人移民非洲历史述评

（一）早期的非洲华侨为自由移民和契约劳工

非洲华人移民史与世界华人移民史，特别是与东南亚国家华人的移民史紧密相连，因为最早移居非洲的华人多是殖民者从东南亚国家运往非洲的。

就早期的非洲华侨而言，可分为两类：自由移民和契约劳工。

根据北京大学教授李安山博士的研究，华侨中的自由移民主要有三个来源：第一，乘船从东南亚或中国来到非洲的华人，他们或是走投无路的农民，或是被迫流亡的反清志士；第二，早期从印度尼西亚巴达维亚流放至开普刑满释放的囚犯，他们或因遭囚禁而不能回国，或已习惯当地生活而自愿留下，或是未获批准而不能离开，甚或耽误了行程而没有赶上回国的船只；第三，契约期满后仍然留下来的华人，他们小有积蓄，回国后境况难有改变，愿意在海外谋生。

在罪恶滔天的奴隶贩卖时期，中国人与非洲人一样，同是殖民者猎奴的重点对象。葡萄牙殖民者闯入中国领海后，丧尽天良，坏事干绝，贩卖中国人口就是其中之一，《明武宗实录》卷一四九中就有"招诱亡命，略买子女"的记载。霸占澳门后更是变本加厉，"拐掠城市男妇人口，卖夷以取资，每岁不知其数"就是郭尚宾在《郭给谏疏稿》卷一里的真实记录。1604 年和 1607 年，荷兰人两次逼迫广州，试图强行与中国通商，"皆为澳门葡人所阻。1622 年（天启二年）荷兰海军大将拉佑逊（Kornelis Rayerszoon）率军舰十五艘，兵士二千人攻澳门，失利而退。乃东据澎湖群岛。1624 年（天启四年）遂进而占据台湾，于平安港建红毛城（Zelandia），至 1662 年（康熙元年）为郑成功所逐，此为欧洲人东来，第一次失败于东方人之事迹也"。①

荷兰殖民者与葡萄牙殖民者乃一丘之貉，在侵占澎湖和台湾期间，无不袭扰闽浙沿海一带，掠取精壮劳力和廉价苦力，甚至不放过妇女儿童，以便获取更多赎金。据荷兰史料记载，荷兰殖民者初到爪哇时，

---

① 李长傅：《中国殖民史》，上海书店 1984 年版，第 162 页。

中国人在该岛已具有相当规模,从事贩卖胡椒、种植稻米和制造甘蔗糖等生意,颇为富有。1602 年,为更好地发挥华人的作用,荷兰东印度公司总督彼得逊还任命华人苏明光为官吏。这个彼得逊可不是个好人,他目睹华人勤劳上进,不辞辛苦,就极力主张掳掠华人为奴隶,以开拓土地。1623 年,彼得逊致函其继任者卡宾德尔(Pieter de Carpentier):"巴达维亚、摩鹿加、安汶、万兰需人甚多,更需多金,以博厚利归国,世界中无如中国人,更适我用者。贸易既不得以友谊得,现在风候正好,可以遣战船,往中国海岸,尽量捕其男女幼童以归,若与中国战争,特须着意多捕华人,妇女幼童更好。移住巴达维亚、安汶、万兰等地。华人之赎金八十两(Ryals)一人,决不可让其妇女归国,或使至公司治权以外之地。但使之移住上述等地可也。"正如李长傅在《中国殖民史》中所言,葡萄牙和荷兰殖民者以非洲人视中国人,"故日后欧人之至中国贩卖猪仔,是为当然之事矣"。

最早来到非洲的华人,很可能是被荷兰殖民当局从东南亚地区运去的囚犯。1593 年,葡萄牙人就将中国人运到南部非洲;1638 年 5 月,第一名荷兰驻毛里求斯总督就将一部分华人从印度尼西亚的巴达维亚运到毛里求斯;1654 年,荷兰殖民者将 3 名中国人从巴达维亚运到毛里求斯,这些是有案可查的抵达非洲的早期中国移民；1660 年，一个名叫万寿（Ytcho Wancho）的中国人被荷兰东印度公司作为囚犯从巴达维亚运到开普，他很可能是第一个有据可查到非洲定居的中国人。在 18 世纪初出现了华人自由移民，其标志为，1702 年，一位名叫亚伯拉罕·德维夫的华人在开普被接纳为新教教徒并受洗礼。

所谓"契约华工"，是殖民者打着"招募"的幌子，以"自愿"的方式，拐骗中国人到非洲殖民地充当苦力。其实质是，奴隶贸易和奴隶制被废除后，殖民者在"合法"外衣下进行的奴隶贸易的变种，尤以法国和葡萄牙为甚。而当时的中国，只因统治者腐败、国力衰弱，不幸成为殖民者引进苦力的最佳来源地。一般情况下，契约劳工服役 14 年后才能获得自由。

毛里求斯是契约华工的第一个目的地。早在 1760 年，法国人就把华人运送到这个岛上的种植园。当时正值英法战争期间，第一批华人约 300 人被法国海军将领德斯坦作为人质从东南亚掳掠到毛里求斯。法国人原想让这批华人在甘蔗种植园从事繁重的农业生产，但华人以经商不谙农事为由拒绝，无奈之下，法国人只好于次年将华人遣返。不过，这批人似乎没有全部离开。1762 年，法国人又直接从中国"招募"了一批华工。他们成为华工去非洲的源头，此后不断有华人苦力到毛里求斯、留尼汪、圣赫勒拿岛、马达加斯加、坦噶尼喀、南非、西非诸国和非洲其他地区。

在中国，苦力又被蔑称为猪仔，与之相对应，苦力贸易又叫猪仔贸易。苦力与奴隶一样，都是受剥削压迫的下等人，唯一不同的是苦力有一份卖身契——规定劳动期限，一般在 3—8 年。正是因为多了这一份卖身契，恩格斯称其为"隐蔽的苦力奴隶制"。清朝继续明代的海禁政策，作为葡萄牙殖民地的澳门便成为贩卖苦力的基地。殖民者先将华工从内地招到澳门，再从澳门装船贩运到非洲。据西方人马士编辑的《1634—1834 年东印度公司对华贸易编年记事》记载，1811 年之前，一批广东的石匠、木匠等华工就是从澳门被运到圣赫勒拿岛的。此后，不断有华工通过这种途径被运往南部非洲国家。鸦片战争后，中国的综合国力进一步衰退，殖民者更加肆无忌惮，为所欲为，从中国内地直接向非洲贩运华工随之成为现实。1845 年和 1846 年，两批华工被直接从厦门运到法属波旁岛——留尼汪岛。孙中山先生曾一针见血地指出："外洋资本家，利中国人勤劳而佣值廉也，遂向中国招工，乃当时海禁未开，中国政府禁工出洋。……此等工人，皆拐自内地，饵以甘言厚利，诱以发财希望，而工人一旦受欺入于澳门之猪仔馆，无以逃脱也，而猪仔头则以高价售之洋人，转载出洋。"

1886 年，南非约翰内斯堡发现金矿，随之掀起一股全球范围内的"淘金热"，华人也通过不同途径远赴南非加入这股热潮中，其中绝大多数是通过英国政府与清王朝于 1904 年签订的《保工章程》陆续抵达的。1904—1910 年，赴非契约华工达到高潮期。据统计，至 1910 年，非洲契约华工的总人数是 14.2 万人。其中，"南非华工之移入，始于 1904 年，系为英国采取金矿招募而往者，达 55000 人"。[①] 事实上，南非华工的数量远超出这一数目，以南非黄金城博物馆提供的数据为例，仅 1904—1906 年，南非就有约 63000 名华工。[②] 在南非黄金城博物馆，展出有当年华工生活、劳动场景的一幅幅图片，生动再现了他们当年在南非谋生的艰辛。数量如此之大的契约华工当年为开采黄金所做出的贡献不可磨灭。然而，他们当年的劳动生活条件恶劣，曾为开采黄金付出了巨大的代价。

（二）毛里求斯极有可能是华人移民非洲的第一个目的地国，荷兰和法国殖民者是将华人运往非洲的始作俑者

李安山教授认为，非洲华人移民史一般分为四个阶段：第一阶段为 1800—1910 年，以契约劳工为主，

---

① 陈里特编著：《中国海外移民史》，中华书局 1946 年版，第 34 页。

② 此数据来源于南非黄金城博物馆展览说明。

兼有自由移民；第二阶段为 20 世纪三四十年代，日本侵华，沿海居民为免受奴役而逼迫出洋；第三阶段是中华人民共和国成立之初，国内移民政策宽松、非洲华人已站稳脚跟，不少人远去投靠亲友；第四阶段是 20 世纪 80 年代以来，伴随着中国改革开放的步伐和世界移民的巨大浪潮，华人再次远赴非洲。[①]

华侨是国际移民迁徙一个不可或缺的组成部分。从目前情况观察，绝大多数非洲国家均有中国人的身影，南非、毛里求斯、马达加斯加等具有华人移民史的非洲国家的华侨华人数量相对较高。

综上所述，可得出如下结论：第一，毛里求斯极有可能是华人到达非洲的第一个目的地国，这与其地理位置、历史沿革有密切关系。一个显而易见的原因是，华工的输入是殖民者为了开发甘蔗种植园，发展制糖业；第二，到达非洲最早的自由移民，很可能是刑期已满的华人囚犯；第三，有案可查的抵达非洲最早的中国移民发生在 1654 年，人数仅为 3 人；而最早定居非洲的华人则发生在 1660 年，人数仅为 1 人；第四，具有一定数量和规模的前往非洲的华人发生在 1762 年，他们是被运往非洲的第一批契约华工；第五，荷兰和法国殖民者是将华人运往非洲的始作俑者。

---

① 参见李安山《非洲华侨华人史》，中国华侨出版社 2000 年版，第 36、83—89、124、127—128 页。

第二节　"移民"非洲的首批华人

（一）历史证明当年落难东非的中国船员属于郑和船队

最早到过非洲的中国人与移居非洲的华人，二者之间具有明显区别。第一个去过非洲并留下文字记载的中国人是唐朝的杜环，时间在公元751—762年；而最早抵达非洲的中国移民则发生在清朝，从个别人到形成一定规模经历了从1654年到1762年之间108年的过渡。从到此一游的非洲访客到落地生根的非洲华人，经历了漫长的唐、宋、元、明四个历史朝代，这也是截至目前，研究中非关系史的学者普遍认为"首批华人移民非洲发生在清朝"的主要根据。

关于当年落难东非的中国船员是否属于郑和船队，目前尚未发现文字记载和实物证据，因而存在一些争议。但学术界一般认为，帕泰岛的"中国人"应该是郑和船队部属的后裔，笔者持这一观点。笔者认为，根据已知的历史事实可以推断，当年那艘中国船只在帕泰岛附近遇难发生在郑和下西洋时期。这是因为：其一，如果船难发生在郑和下西洋之前，船难的幸存者不可能听说过长颈鹿的故事，在当时的交通和通信条件下，深居孤岛的他们不可能从外界获知这一消息。

其二，如果那次船难真的发生在郑和下西洋之前，当郑和船队的船只大规模经过东非沿岸时，船难的幸存者及其后裔一定能知道这一消息，并想方设法与郑和船队取得联系。那样，郑和船队就会让这批中国人乘船回国，这不但在同胞感情上是讲得通的，而且在实际运作上也是可能的。其三，在郑和下西洋之前，中国船只直接访问东非沿岸的可能性极小，中非之间的海上交往基本上是经过阿拉伯商船完成的，这在记载古代中非交往的几部著作中反映得比较明显，如《岭外代答》《诸番志》等。

假如帕泰岛的船难发生在郑和下西洋之后，逃难的水手们不可能在帕泰岛上加村安家落户——据英国考古学家、剑桥大学教授马克·豪敦（Mark Houton）在上加遗址发掘考证，上加村在郑和最后一次下西洋后不久，约在公元 1440 年遭到毁灭；再则，郑和下西洋后，由于明朝统治者长期实行海禁政策，闭关自守，中国不可能有大型船只远航非洲；更重要的是，郑和下西洋后，西方殖民者成为印度洋的统治者，中国船只不可能再自由通过印度洋而远达非洲。

尽管缺乏文字记载等方面的确凿证据，著名郑和研究专家郑一钧教授在研究了有关报道提供的信息后认为，这些帕泰岛中国水手的后裔无疑就是郑和船队部属的后裔。他认为，帕泰岛一带海域，是郑和船队到达马林迪的必经之地。正是在郑和下西洋时期，而不是在其他任何时候，有许多中国水手多次随郑和船队到过这里。郑和下西洋之后，由于明、清统治者对外闭关自守，长期实行"海禁"和阻遏政策，加之16世纪以后西方殖民国家全力向东方的印度洋扩张，在西欧殖民势力炮舰政策的轰击下，不仅曾经称藩于明朝的海外诸国先后沦为西方列强的殖民地，而且也对中国的远洋航海事业形成巨大威胁，中国再难以向"西洋"（印度洋）发展。记录当时中国航海活动的一些史籍所反映的正是这一事实，如明朝张燮《东西洋考》的记载只限于印度尼西亚苏门答腊以东，清人陈伦炯的《海国闻见录》和谢清高的《海录》，也都说中国的海舶不再过马六甲海峡西行了。由于当时在"东洋"海域之内，航海活动还有较大的发展余地，相应地在明代中后期，中国通往菲律宾、日本等地的航路有了较大的发展。郑一钧表示，在郑和下西洋之前，中国与非洲之间虽然也有海上交通，但并不频繁，在史料中也没有具体的记载，并且在由西亚到东非沿岸的航程中，换乘阿拉伯船只的可能性很大，因此那时能够到非洲的中国人是极少的；而在郑和下西洋之后的数百年间，中国与非洲之间的海上交通已被阻断。由此，古代在上加村定居下来的中国水手为郑和船队的水手应该没有什么问题。

目前研究中非关系史的学者普遍认为，首批华人移民非洲发生在清朝，这主要指早期的"契约华工"，在本章第一节已有所阐述。毛里求斯华工是具有一定人数和规模的移民，因而被视为最早的非洲华人。笔者认为，在帕泰岛因落难而永久定居非洲的数百名船员群体，其实是中国"移居"非洲的首批华人。郑和七下西洋从第四次开始远赴非洲，即永乐十一年（1413），第七次下西洋结束于宣德八年（1433）。换言之，肯尼亚帕泰岛附近的船难应该发生在1413—1433 年。即使那次船难发生在郑和第七次下西洋（1430—1433 年）期间，郑和船队的水手在华工首次登陆毛里求斯岛 330 多年前，早已因意外事故而成为首批非洲华人，他们比去非洲的个别中国自由移民还要早约 200 年，因而是当之无愧的最早的一批非洲华人。

（二）郑和部属"移居"非洲奏响了一曲不同民族平等相待、和善相处、和谐相融的友好乐章

在世界航海史上，船难悲剧实乃不可避免，郑和七下西洋亦不例外。特别是由于当年郑和船队在非洲沿岸的航行不是走的传统航线，而是带有海上探险的性质，就更容易发生海难，在中国船队从未涉足的非洲沿岸航海，当年郑和船队的个别船只触礁的可能性

极大，甚至是在所难免的。当年，郑和船队的一艘船只在肯尼亚帕泰岛附近触礁，数百名船员逃生至岛上，在当地居住下来，与当地女子结婚延续后代，奏响了一曲不同民族平等相待、和善相处、和谐相融的友好乐章。

当初，这批突然置身于全新环境的中国船员，虽身强力壮，携带宝物，文化程度远高于当地居民，但没有居高临下的中华大帝国的傲慢与偏见，而是谦和平等地对待当地居民；面对这批身份不明的"天外来客"，身居孤岛的当地人没有拒绝和排斥，而是张开双臂接纳与包容。于是，中国船员用随身携带的丝绸、茶叶、瓷器等宝物，与当地居民以货易货，等物交换，换取最基本的生产工具和生活用具以求立足生存。在当时的特殊历史背景下，中非人民之间这种平等对待异族的态度和做法实属难能可贵。

立足之后，中国船员用自己的一技之长主动为当地社会服务，克服了语言不通、风俗不同带来的障碍，赢得了当地社会的普遍信任和大度包容，进而逐渐融入当地社会。他们中的医官、医士，利用当地资源采制中医药，为当地民众祛除疾病，救死扶伤。同时，他们还把医术传教给当地人，时至今日，帕泰岛上的中医大夫仍发挥着救死扶伤的重大作用，受到人们交口称赞。他们中的建筑师加入当地的建筑业中，用自己的双手为自己，也为当地民众建造房屋。目前帕泰岛上的几户中国人家，他们的房屋布局和院落布置均有别于当地住户，带有中国传统建筑的风格与特征。他们中的铁匠、木工等手艺人，张开勤劳的双手，就地取材制作工具和用具，至今帕泰岛上还有中国铁匠传人。当地考古专家认为，帕泰遗址中的不少建筑、特别是大清真寺墙壁和装饰就受到中国建筑的影响，带有鲜明的中国特色。

　　这批中国船员身上体现着中国优秀的传统文化和中华民族的传统美德，为中国和中国人民在非洲赢得了信任和赞誉。这种传统文化和美德可以用"和谐""勤劳"和"乐于助人"来概括。他们友好和谐地融入当地社会，用勤劳和智慧创造美好生活，同时不忘帮助周围的民众。数百年来，他们的后裔尽管早已成为非洲大家庭中的成员，但至今仍顽强保留着中国文化传统，念念不忘自己的中国血统，中医大夫用祖传的医术服务民众，甚至不收取一文费用。他们尽管人数不多，但是在当地产生了持久影响，树立了中国人的良好形象，赢得了非洲民众的信任与尊敬。

第三节　非洲华人移民史提前的意义

（一）戳穿"欧洲发现论"

科学研究的重要任务和重大使命之一，就是弄清历史事实，还原历史真相，恢复历史的本来面目，从而让世人从中借鉴历史经验，吸取历史教训，促进世界和平、文明发展，不断造福人类和创造美好的未来。提前非洲华人移民史——把华人移民非洲的时间提前了二三百年，同时把华人最早移民非洲的地点从非洲岛国转移到非洲大陆，即从毛里求斯改变到肯尼亚，这不但具有十分重要的学术意义，而且具有非常重要的现实意义。

郑和使团部分成员"移民"非洲，向世界表明，中国人不但早于欧洲殖民者抵达非洲，而且早于欧洲殖民者定居非洲。这一历史真相彻底戳穿了所谓"欧洲人发现非洲"的谬论，奋力回击了所谓的"新殖民主义论"，并为中非贸易的发展和非洲"向东看"提供了有力的历史根据和理论支持。

提前非洲华人移民史开端，彻底戳穿了所谓"欧洲人发现非洲"的谬论。郑和船队当年浩浩荡荡访问东非沿岸国家和地区，在世界历史上书写了辉煌壮丽的篇章。但是，西方对此不是回避就是淡化，总是突出和强化迪亚斯1486年绕过好望角、达·伽马1498年发现通往东方的新航道。他们利用手中掌握的话语权，向人们进行先入为主的灌输，试图以此作为真实的历史，不但抹杀中国人最早到达非洲的史实，而且抹杀非洲的悠久历史，制造所谓的"非洲无历史论"，胡说什么非洲的历史始于与欧洲接触之时。对此，1962 年 12 月 12 日，加纳总统恩克鲁玛（Francis Nwia-Kofi Ngonloma）在第一届非洲学家大会上致辞时一针见血地指出："这些早期的欧洲著作的动机是经济的而不是科学的。它们涉及象牙、黄金的不平衡的贸易和它们不得不为之进行辩护的非法人口贩卖。""我想在这里指出，在那个时期，欧洲人和美国人的非洲著作大都是辩护性的，企图证明奴隶制度和对非洲劳动力和资源的继续进行剥削是正当的。""这样就为从经济和政治上奴役非洲作好了准备。因此，非洲既无法展望未来，也无法回顾过去。""据说，非洲的进入历史，只是由于与欧洲发生接触的结果。因此，非洲的历史普遍地被认为是欧洲历史的扩大。黑格尔的威名也被借用到这种非洲无历史的假说上面来。殖民主义和帝国主义的辩护士们迫不及待地抓住它尽情加以渲染。"

在强调非洲悠久的历史和文化之后，恩克鲁玛表示："中国人也在唐朝（公元 618—907 年）出版了他们最早的第一部关于非洲的主要记录。18 世纪中国与埃及的学术互相沟通。但是中国人对于非洲的了解并不限于他们对埃及的认识。中国人对索马里、马达加斯加和桑给巴尔都有详细的知识。他们在非洲其他地区做过广泛的旅行。"恩克鲁玛指出的中国人在非洲其他地区的广泛旅行，当然包括郑和船队对非洲的四次大型访问。郑和船队的到访和船队水手定居非洲孤岛的事实无可争辩地说明，作为非洲的外来民族，中国人不但最早"发现非洲"，而且最早"定居非洲"，这对所谓"欧洲人发现非洲"的谬论无疑是一记重型棒喝。

事实上，西方正义的学者和有识之士已经认识到这一点，认为应该还历史以本来面目；非洲的许多学者和政要也正在为此进行努力，以期正本清源。不过，从认识论的角度观察，要改变先入为主的错误不但需要付出持续不断的努力，而且需要一个较为漫长的过程。这是因为，人们的思维一旦形成定式，就会随之产生一种惰性，很难轻易改变。比如，人们常说的阿拉伯数字，实际上是印度数字，因为它是印度人发明的。然而，由于印度数字经过阿拉伯世界传入欧洲，欧洲人误以为这组数字是阿拉伯人发明的，便称其为阿拉伯数字，以至于以讹传讹，世代相传，贻误至今。尽管我们尚难估算当今世界上受这种贻误的人数有多少，但是一个清楚的事实是，受这种贻误的中国人时至今日仍不在少数。

（二）支持非洲"向东看"

提前非洲华人移民史开端，为中非贸易发展和非洲"向东看"提供了有力的历史根据和理论支持。郑和船队远访非洲，发展友谊、开展贸易、拓展交流是其主要目的。换言之，中非之间的直接贸易始于郑和下西洋时期，这与明初的政治、经济形势密切相连，更与中国重农抑商的文化传统息息相关。儒家文化历来重农轻商，即使在中国历史上相对开放的盛世唐朝，朝廷欢迎外国商人来大唐经商，还给予其多种优惠政策，但是仍然限制本地商贸发展。如，唐朝首都长安专门设立西市为国际市场，即著名的大唐西市，可谓商店林立、商品众多、商人云集，极尽一时繁华，成为著名的国际商城。但是，长安市民和国内百姓进入国际市场就要受到一定程度的限制，绝大多数国内商人只能到东市——国内市场从事商业活动。数百年后的大明帝国沿袭了唐朝重对外开放而轻国内开放的传统做法，与此同时，明太祖朱元璋还对朝贡体系进行改革创新，将朝贡与贸易分开进行的传统方式合二为一，形成朝贡与贸易一体化的新体制，用朝贡贸易彻底取代对外贸易，杜绝民间从事对外商贸活动，从而使对外贸易全部由官方控制和运作。

所谓朝贡贸易，分为国内和国外两部分，前者是指对外贸易在外国使团来华朝贡期间进行，后者是说对外贸易在中国使团出访国外期间从事，官办贸易是朝贡贸易的主要特征。具体而言，中外贸易只能由朝廷操办，国内的对外贸易部分，是外国使团来华朝贡之时，在特定的时间和地点，在朝廷礼部官员或港口的市舶司官员监督下，公开进行的平等公平贸易，即"二平贸易"；国外部分是由朝廷派遣到国外的中国使团，在出访期间与所在国所进行的贸易。无论在国外还是在国内进行对外贸易，均受到时间和地点的限制，也受到交易商品种类与数量的约束，但是二者都贯彻执行"二平贸易"的原则，体现平等交换、公平交易的商贸规则。

朝贡贸易是海禁政策下对外贸易的独特形式。由于中国沿海屡遭倭寇侵犯和海盗骚扰，朱元璋在建国初期就关闭了所有对外贸易口岸，颁布严格的"海禁令"，国内不许寸板下海，严禁国民私自出海，甚至禁止沿海捕鱼活动；国外禁止除朝贡使团外的任何船只来华访问，甚至不许国外船只靠近中国沿海。在如此严格的"海禁令"下，明朝的对外贸易仅存官方一条渠道，郑和船队出访期间进行的贸易就更加引人注目。

关于郑和下西洋的动机，有政治、经济、文化等多种说法。就经济而言，归纳起来不外乎三种说法：一是采购海外物品丰富国内市场，以巩固朝廷对朝贡贸易的垄断地位，维持朝贡贸易形成的国内价格体系；二是除"厚往薄来"的外交礼仪外，用中国宝物交换国外特产——"方物"，包括皇帝喜爱的奇珍异宝，供国内使用和皇室成员享乐；三是用中国的特产——丝绸、瓷器、茶叶等换取黄金和白银，以充实国库、增强国力。无论出于何种目的，尽管多是运用以货易货的贸易形式，但是互补性和"二平贸易"始终是郑和船队开展海外贸易所遵循的基本原则。这样，郑和船队在非洲东部沿海一带进行的贸易，在平等公平的原则之下，非洲的"方物"自然受到青睐，成为首选目标。也就是说，中非之间公平互补的直接贸易早在欧洲殖民者登陆非洲大陆之前就开始了，非洲"向东看"和中国"走进非洲"始于 600 年前，今天的中非贸易与合作，以及非洲出现的"向东看"，不过是 600 年前中非直接贸易的延伸、继续和发展。

几年前，中国与肯尼亚曾进行联合考古，寻找郑和船队当年那艘沉船，这次考古活动受到当地和国际媒体高度关注。英国广播公司（BBC）在题为《一枚钱币，改写中非历史》的报道中指出，这次考古发掘的成果，不但有可能颠覆世人从前对东非历史的认识，而且必将引发东非国家对当代中国角色的再思考。肯尼亚国家博物馆奇里亚玛博士指出："我们发现，中国人对待东非有着与欧洲人迥异的态度"，"他们派遣使者携带礼物前来，表明他们对我们平等相待，也表明肯尼亚在葡萄牙人到达之前，已与外界有了紧密的联系，是一支活跃的海上力量，这对肯尼亚思考今天与东方的联系有着深远的影响。中国与东非有着比欧洲人更为古老的贸易联系，当今中国对非贸易的发展实际上正是这一传统的延续。很久之前，东非海岸始终是向东方而非向西方看的，如今，这些发现给了政治家们更充足的理由去坚持：'让我们向东看'，因为长久以来，我们一直如此"。

（三）树立学习新楷模

中国真正意义上的"走进非洲"始于当代，始于欧洲殖民者"走出非洲"之时。从中国医疗队奔赴非洲到援建坦赞铁路，从中国建筑公司走进非洲到中国私营小企业落户非洲，越来越多的中国人走向遥远的非洲大陆，发展到今天，几乎所有的非洲国家都能看到中国人的身影。不过，由于受语言、习俗、饮食等诸多因素约束，中国人融入非洲当地社会过程缓慢，存在一定难度。当然，这一情况不仅仅是华侨华人在非洲大陆出现的独有现象，世界其他大陆和国家的华侨华人也存在同样问题，即使在国外侨居多年，绝大多数华侨华人仍然讲汉语、吃中餐、打麻将，囿于华侨华人圈子，难以融入当地社会，特别是主流社会。提前非洲华人移民史开端，郑和船队的"移民"就为当代非洲华侨华人扎根非洲、融入非洲当地社会树立了学习楷模。这对华侨华人更好地融入非洲当地社会，促进华侨华人在当地的发展，加强与当地原有居民的联系与合作，具有重要的意义。

郑和七下西洋四赴非洲，完成了人类历史上最伟大的远洋壮举，其中有许多经验值得总结，对今天中国人走进非洲而言，有三点特别值得一提：一是重视语言相通；二是重视习俗相同；三是重视地位平等。一部《郑氏家谱·首序》指出，郑和的远祖是西域普化力国王所非尔，于宋神宗熙宁三年（1070）归附宋朝，授为本部总管，加封宁彝侯、庆国公，卒赠朝奉王。其长子赛伏丁，封昭庆王；次子撒严，袭封宁彝侯，升莒国公。撒严之子苏祖沙，苏祖沙之子坎马丁，坎马丁之子马哈木，世袭王爵。宋亡后，元朝授马哈木平章政事，马哈木之子赛典赤·赡思丁受命驻镇咸阳，为都招讨大元帅、上柱国左丞相、平章政事，1274—1279 年任云南行省平章政事，政绩昭著，死后被追封为咸阳王。其长子纳速剌丁，驻镇滇南。纳速剌丁之子伯颜是淮安王，伯颜之子察儿米的纳为滇阳侯。察儿米的纳之子米里金生马三保——郑和。郑和立其兄马文铭之子为嗣，名赐，即郑赐，字恩来。郑赐以后的郑和部分后裔于明代至清代居云南昆阳，迁至玉溪市东营；其中一部分迁至泰国清迈；另有一小部分居住在南京、北京、上海、苏州等地。郑和后裔主要有玉溪、南京、泰国三支。

关于郑和家族与伊斯兰教的关系，以及郑和生于云南何地何县，即郑和的身世，由于《明史·郑和传》中只有"郑和，云南人"五个字，数百年来一直是个谜。直到 1912 年，云南近代著名学者袁嘉谷从友人苏晓荃处得知昆阳有郑和之父"马哈只墓"，亲赴昆阳县月山踏勘，考证了"马哈只墓"及《故马公墓志铭》，并为墓志铭作了碑跋，载入其《卧雪堂文集》和《滇绎》，方知郑和是昆阳的回族马氏，其祖父和父亲都朝觐过麦加圣地，尊称为哈只。正是强烈的宗教信仰促使郑和祖父不远万里，克服路途艰辛，只身赴麦加朝圣。这说明至少从郑和祖父一代开始，其家族已开始信奉伊斯兰教。

永乐十一年（1413），郑和在第四次下西洋前夕，因奉旨出使"西域天方国"，"道出陕西"，来到西安寻找翻译人才，为出访阿拉伯国家做准备。经过一番遴选，郑和选中清净寺掌教哈三为其下西洋随员。西安市大学习巷内的"郑和碑"——《重修清净寺碑记》上记载了这一内容："及我国朝永乐十一年（1413）四月太监郑和奉敕差往西域天方国，道出陕西，求所以通译国语可佐信使者，乃得本寺掌教哈三焉。乃于是奏之朝，同往。"明成祖选中郑和肩负下西洋的重任，郑和的穆斯林身份是一个重要因素，说明皇帝考虑到郑和的宗教信仰与出访国家的宗教信仰相同的重要性；郑和在第四次下西洋出访阿拉伯国家前夕，专程赴西安挑选阿拉伯语翻译同行，说明郑和考虑到语言相通对出访成功的重要性；郑和船队成员在意外落难非洲孤岛之后，能够入乡随俗融入当地社会，说明中国水手们懂得以礼平等对待异族的重要性。习俗相同、语言相通、地位平等是郑和部属走进非洲、融入非洲的经验之谈，为当代华侨华人走向世界、走进非洲、融入当地社会起到了重要的窗口和先锋作用，值得当代华侨华人学习和借鉴。

正是郑和船队部属成功融入非洲社会，谱写了一曲中非友谊的凯歌，传颂着一段中非友谊的佳话。当这一故事在世界各地广为传播之后，肯尼亚方面认为中非之间的关系更进了一步，即彼此存在血缘关系。在与中国驻肯尼亚大使馆交流时，肯尼亚人就说：“过去我们是朋友，现在我们是兄弟。”

（四）有力驳斥了“新殖民主义论”

提前非洲华人移民史开端，奋力回击了所谓的“新殖民主义论”。郑和船队不但早于欧洲殖民者的船队来到非洲，而且郑和使团成员早于欧洲殖民者定居非洲。这两件事最先且有力地回击了所谓的“新殖民主义论”。郑和下西洋之时，中国处于强盛时期，拥有世界 1/3 的财富。孙中山先生在《建国方略》中曾这样形象描述中国当时的综合国力："乃郑和竟能于十四个月之中而造成六十四艘之大舶，载运二万八千人巡游南洋，示威海外，为中国超前轶后之奇举。"郑和船队访问了亚非30多个国家和地区，没有侵占别国一寸土地，没有掠夺他人一分钱财，没有贩卖非洲一个奴隶，没有威胁任何一个国家。以中国当时的经济和军事实力，"非不能也，是不为也"，[①]因为中华民族是一个崇尚和平的民族，"以和为贵"，以和为美。基于此，世界一流舰队出访的目的，就不是抢掠土地、索取财物、奴役他人和恫吓别国，而是为了开展交流、发展友谊、拓展贸易。

一部中国历史表明，强盛一时的大明帝国没有穷兵黩武、炫耀实力征服别国；正在发展中的中国告诉世界，强大了的中国依然不会盛气凌人、依仗武力威胁别人。那么，"新殖民主义论"为何还不时有人提起并有一定的市场呢？这里首先需要搞清楚"殖民主义"的概念和实质，进而弄明白"新殖民主义"与"殖民主义"的区别与联系。

《简明不列颠百科全书》对殖民主义做了这样的解释：

殖民主义（colonialism）：近代殖民主义的时代开始于1500年左右。15世纪末叶，欧洲人发现通往印度

---

① 《孟子·梁惠王上》。

洋和美洲的航路，自此，商业和贸易中心逐渐由地中海转向大西洋，出现了葡萄牙、西班牙、荷兰、法国、英国等殖民国家，它们的殖民地和扩张行动遍及世界各地，同时也传播了欧洲的制度和文化。

《中国大百科全书》（第二版）对殖民主义和新殖民主义做了如下解释：

资本主义国家采取军事、政治和经济手段，侵略、奴役和剥削弱小国家、民族和落后地区，将其变为殖民地、半殖民地的侵略政策和行径。

在资本主义的不同时期，殖民主义有不同的表现形式。在资本原始积累时期，大都采取赤裸裸的暴力手段。在自由资本主义时期，主要通过"自由贸易"形式，把发展中国家、民族和地区变成自己的商品市场、原料产地、投资场所，以及廉价劳动力和雇佣兵的来源地。在帝国主义时期，除了采取上述各种手段外，资本输出成为剥削这些国家、民族和地区的主要形式。19 世纪末 20 世纪初，世界上沦为殖民地、半殖民地的国家和地区形成了帝国主义殖民体系。第二次世界大战后，殖民地、半殖民地的民族独立运动高涨，大批亚洲、非洲国家获得独立，摧毁了帝国主义的殖民体系。奉行殖民主义政策的国家转而采取间接的、比较隐蔽的、更具有欺骗性的形式，来维护和谋求殖民利益。在政治上，一方面允许和承认殖民地、半殖民地独立，另一方面通过培养或扶植代理人来实行控制；经济上以提供"援助"的形式，通过附加苛刻条件的贷款、不平等贸易、组织跨国公司等手段，控制这些国家的经济命脉、对这些国家实行掠夺；军事上以提供军事"援助"的形式，在这些国家建立军事基地、驻扎军队、派遣军事顾问、帮助训练军队等，实行变相的军事占领。为了实现其战略目的，它们甚至策动政变、挑起内战、扶植傀儡政权。这些被统称为"新殖民主义"。

综合上述两个词条的解释，殖民主义的主要特征是：军事上征服，采取赤裸裸的暴力手段，用枪炮强行占领其他国家和地区；政治上统治，奴役别国人民，输出自己的意识形态和上层建筑；经济上掠夺、抢占他国资源，实施杀鸡取卵式的开采与开发；文化上摧毁别国文化，强制推行西方语言，移植西方价值观，肆意践踏本土文化，篡改别国历史。

新殖民主义是殖民主义在新形势新条件下的发展和演化，是殖民主义在新的历史时期的伪装和变种。新殖民主义的提法，最早出现在1956年苏联共产党第二十次代表大会上，1957年的"莫斯科宣言"中也论及过。1959年3月，苏联《国际生活》杂志编辑部和中国《世界知识》杂志编辑部以"第二次世界大战后帝国主义殖民体系的瓦解"为主题联合举行过讨论。

在中国，中共中央理论刊物《红旗》在 1959 年 7 月 1
日出版的第十三期上刊登了顾以佶的文章——《美帝
国主义的对外"援助"》，该文指出，美帝国主义的对
外"援助"是第二次世界大战以后美国进行对外扩张
的一个重要武器，亦是"美国推行殖民主义的一种新
方式"。贝·皮拉在 1961 年 7 月号《非洲共产党人》
杂志撰文指出："帝国主义之所以采取新殖民主义的政
策，并不是因为它们心回意转，宣誓抛弃罪恶沉重的
过去，而是因为它们为世界社会主义体系的迅速发展
和民族解放运动的力量所迫，不得不寻找一种伪装的
榨取方式而已。今天，转动历史车轮的是社会主义和
民族解放的力量，而不是像过去那样的帝国主义
力量。"

　　关于新殖民主义的实质，日本学者冈仓古志郎认
为："新殖民主义是资本主义总危机第三阶段中帝国主
义殖民政策的独特表现。众所周知，总危机的第三阶
段，即 1957 年以后的时期，世界社会主义体系的力量
和国际影响急剧地增长，殖民制度因民族解放运动的
迅速进攻而显著地走向崩溃，殖民制度的全面崩溃势
在不可避免。""为什么这样说呢？因为它是在殖民制
度濒临死亡时出现的。它体现了帝国主义力图维护渐
趋灭亡的殖民主义制度所作的垂死挣扎。"苏联学者波
切加里阿夫更是一针见血地指出："新殖民主义的实质

可以简要地表述如下：对前殖民地给予最低限度的政治自由，而殖民主义者则获得在经济上对它们进行剥削的最大限度的机会。""新殖民主义者没有给予人民任何东西，但是，他们却不吝巨资来贿赂在新独立国家身居政府要职的特权阶层，希望使这个阶层成为他们在他们已不再能进行直接控制的地区内实行'不动声色'的统治的支柱"。更有甚者，为了加强特权阶层的地位，新殖民主义者还使用形形色色的借口，唆使前殖民地的统治者排除异己……

随着时间的推移和时代的前进，新殖民主义在方式和态势上也会发生变化，做出必要的调整，以适应新变化，但万变不离其宗，其实质是一样的，都是从殖民主义者的立场出发，维护其原有的政治体制和经济利益，根本不会，也不可能从非洲国家和人民的愿望和角度考虑。以非洲的前宗主国法国为例，法国重视非洲具有历史传统：从蓬皮杜建立"法非首脑会议"到密特朗倡议创立"法语国家首脑会议"，再到希拉克力推"欧非峰会"和萨科齐提出"地中海联盟计划"，这一系列的努力均表明，历届法国政府希望借助对话机制来"力保不失去非洲"的意图，因此把法非关系视作法国对外关系的重点，而法国重视非洲作用、提升非洲地位的深层原因则是为了改变自身的不利处境，维护日益衰退的大国地位。进入 21 世纪以来，非洲的活力、潜力和影响力受到世界关注，而法国却感到自己逐渐丧失在非洲的传统优势，大国地位受到动摇，于是，在无力加大投入又不想丢失原有经济利益的情形下，法国又不能袖手旁观，自甘寂寞。2010 年，法国把法非首脑会议的主题确定为"革新峰会"，其目的是想通过讨论新议题进而出台新措施，以强化传统的法非关系。不过，非洲人对法国改善自己非洲形象的努力不以为然，塞内加尔经济学家萨努·姆巴耶说，在非洲的前法国殖民地，"人们仍受到法国以前的灾难性政治和经济政策的影响，只要这些精神创伤尚未根除，从精神束缚中解放出来的道路就仍漫长"。

殖民主义、新殖民主义给非洲人民造成了空前灾难和巨大创伤，这是连殖民主义者都承认的历史事实，然而，随着中非关系的健康、迅速发展，西方竟有人别有用心地把"新殖民主义"与中国牵扯到一起，以此来扰乱中非关系。

中国"走进非洲"是推行"新殖民主义"吗？中国同非洲国家发展关系是为了石油、为了能源吗？对此，2006 年出访非洲七国期间，在埃及举行记者会上，时任国务院总理温家宝斩钉截铁地表示："'新殖民主义'这顶帽子绝对扣不到中国的头上。从 1840 年鸦片战争开始，中国遭受了大约 110 年的殖民主义侵略。中华民族懂得殖民主义给人民带来的苦痛，也深知要同殖民主义作斗争。我们长期以来之所以支持非洲民族解放和振兴，这是一个主要原因。""大家知道，中国同非洲几个国家有石油贸易，这些合作是公开的、透明的，也是正常的、互利的。去年中国从非洲进口的石油不及某些大国的1/3。"

我们来听听非洲的声音吧：近年来，中非关系成为非洲各界人士关注的话题，非洲学者自然难有例外。在第十三届非洲社会科学研究发展理事会大会上，中非关系成为一个热议话题，是两个小组会议的主题。在发言和评论中，与会者一致对中非关系给予积极评价。"近年来，越来越多的中国人来到我们的国家喀麦隆，从事各种各样的商业活动，为我们的日常生活带来了诸多方便，同时加快了我们国家的基础设施建设。"喀麦隆学者赫尔曼·图尤（Herman Touo）在题为《非洲经济害怕中国吗?》的发言中反问大家，"非洲经济害怕中国吗？非洲人害怕中国人吗？我们的回答显然是否定的，我们欢迎中国人！非洲欢迎中国投资！"他的发言赢得热烈掌声。作为该小组会议的主持人，塞内加尔学者马马杜·久夫（Mamadou Diouf）在总结时鲜明地表示："非洲和中国的合作是互利共赢的，非中双方应该继续合作，大胆前进，让别人去说吧！"

再听听非洲领导人的观点吧：2011 年 9 月，在大连出席夏季达沃斯论坛时，当选后首次访华的几内亚总统阿尔法·孔戴（Alpha Condé）接受了英国《金融时报》中文网总编辑张力奋的专访，就一些西方国家对中国非洲政策的抨击，孔戴明确回应说，中国不是"新殖民主义"。孔戴指出，几内亚是撒哈拉以南非洲第一个承认中华人民共和国的国家。在联合国，几内亚也长期支持中国。早在 1966 年几内亚建造大坝时，中国就是合作伙伴之一。几内亚和中国之间是双赢而不是交换关系，双方注重长期、强劲的伙伴关系。孔戴强调："我们必须抛弃那些陈词滥调，几内亚国民不相信中国是一个新殖民者，是霸权主义。中国并不是跑到外面去殖民，去掠夺资源。实际上，我们欢迎中国的参与介入。我说过，中国是尊重其他国家的主权的。它也非常渴望保持自己的独立。它一直在身体力行，这也使它很尊重其他国家。和中国打交道，我们觉得很舒服。几内亚人并不害怕中国。他们知道中国能为他们带来什么。对此，他们是感激的。对中国在非洲大陆越来越多的投资，非洲人并没有敌意，几内亚更是如此。我想，那些害怕中国进入非洲和几内亚的观点，应当问一下他们的动机到底是什么？特别是我们回顾历史，有些国家本身就曾是非洲的殖民者，他们是否担忧中国会取代他们？就几内亚而言，我们不担忧。"　"我想重复一下，中国是非洲的机会，非洲也是中国的机会。我真的觉得，中国对非洲的现状提供了另一种可能性。很多非洲国家没有得到发展，就是因为一些西方前殖民国家不希望看到他们发展。现在，中国进入了视野，我们有了另一个足以平衡各种现存力量的可能性。"孔戴表示相信："我的观点在非洲领导人中决不是少数派。比如，我的朋友安哥拉总统桑托斯（Dos Santos）、南非总统祖马（Jacob Zuma）和马里总统图雷（Amadou Toumani Touré）等就和我的观点一致，我们还在考虑与中国签订一些多边的协议。这是一个趋势。"

大多数非洲民众也认为，中非之间是一种"双赢"关系。坦桑尼亚投资中心伊曼纽尔·奥利·纳伊科说："中国人是来投资的，在当今世界，所有投资都是我们的好消息。中国在未来几年里将成为一个非常重要的国家。他们并不只是拿走。他们建设基础设施，并且持之以恒地做着这些事情。他们是好朋友，也是很好的投资者。"

在全非洲，上自总统、官员，下到百姓、学者，不约而同、异口同声地说，中国在非洲的行为不是"新殖民主义"，那么，为什么西方总有人抓住中国不放，拿中国说事，非要把"新殖民主义"的帽子扣到中国头上。是他们对中国在非洲和世界其他地方的做法视而不见吗？是他们对中国、非洲和世界其他地方的正义声音充耳不闻吗？非也，这里有必要回顾一下世界殖民历史。

在世界历史上，欧洲的殖民扩张分为两个阶段。1450—1763 年是欧洲殖民扩张的第一阶段。郑和航海后，中国封建社会彻底走向闭关锁国。然而在西欧，指南针的传入、造船业的发展和地理知识的进步使得远洋航行成为可能，这强烈刺激着渴望寻求东方财富的欧洲野心家们。15 世纪中叶以后，葡萄牙最先向马德拉群岛（Madeira）和亚速尔群岛（Arquipelago Dos Acores）殖民；随着通往东方新航道的发现，葡萄牙于 1510 年占领果阿，并不断向亚洲和美洲扩张，1553 年占领澳门。1492 年后，西班牙大肆向美洲扩展，两个殖民者的利益随之发生冲撞。1494 年在罗马教皇的仲裁下，两个殖民国签订了《托尔德西里亚斯条约》，划分了分割世界的范围。此后，西班牙为建立庞大的殖民帝国，在美洲挥起屠刀实行残酷镇压，以致土著人口由西班牙最初到达时的 5000 万人锐减到 17 世纪的 400 万人。16 世纪下半叶，新兴的殖民帝国荷兰、英国、法国开始与西班牙、葡萄牙争夺世界，荷兰于 1624 年占据中国台湾达 38 年之久，并大力向北美拓展，成立荷兰西印度公司；法国 16 世纪开始向外殖民，1603 年在北美建立新法兰西殖民地；英国 1533 年成立莫斯科公司，1600 年建立东印度公司，着力在印度半岛扩张……为了适应不断扩大的殖民活动，几个殖民国复活了地中海一带在中世纪就已濒于消亡的奴隶制度：1442 年，葡萄牙人驱使柏柏尔为奴隶；1502 年，西班牙人把非洲黑人运往美洲，以弥补大肆屠杀印第安人造成的劳动力短缺；1562 年和 1619 年，英国和荷兰分别开始从事罪恶的奴隶贸易。到 18 世纪中叶，奴隶贸易达到鼎盛时期，英国在 1763 年就有 150 艘船只驶往非洲运载近 4 万名黑人奴隶。

　　1763 年以后是欧洲殖民扩张的第二阶段。在第一阶段，尽管殖民地贸易使世界其他大陆的咖啡、巧克力、茶叶、烟草、香料和马铃薯等大量涌入欧洲，改变了欧洲人的饮食习惯；尽管恶贯满盈的奴隶贸易使殖民者赚得盆满钵满，但是工业革命开始后，以前的殖民地贸易退居其次，殖民者既要把殖民地变成其原料和粮食的产地，又要把殖民地变成其工业品的市场。于是，他们大量向殖民地移民，灭绝或赶走土著民族以取得发展农业和工业的空间，征服或改造土著民族以适应其扩张需要。据估计，在 1820 年以后的一百年中，离开欧洲的移民达到 5500 万人。先进科技和以铁路为主的交通运输在为殖民扩张服务的同时，又对殖民地人民造成殖民者先进、优越，殖民地落后、低劣的心灵创伤。从 1763 年到 1875 年的一百多年中，英

国是殖民扩张的急先锋，到 19 世纪初叶，英国的垄断
贸易已发展为自由贸易。从 1875 年到第一次世界大战
期间，殖民者之间的竞争不断加剧，除老牌殖民者外，
又出现了德、美、日等新殖民主义国家。在臭名昭著
的柏林会议（1884—1885 年）上，15 个西方列强参与
了瓜分非洲的罪恶行径。会后，列强掀起了瓜分非洲
的狂潮，在短短的 20 多年时间里，非洲大陆几乎全部
落入列强的魔爪。

由此可以清楚地看出，所谓的"新殖民主义论"
正是"殖民思维"在作怪：其一，老牌殖民者误认
为，中国"走进非洲"是重走他们的老路，一定会推
行"新殖民主义"；其二，老牌殖民者依然认为，非
洲是他们的"后花园"和"狩猎地"，是西方的势力
范围，不容他人"越雷池一步"；其三，中非关系健
康、迅猛发展让西方眼红，心怀嫉妒之心的西方免不
了制造麻烦。事实表明，中非关系在 21 世纪取得巨大
发展，已由政治领域发展到全面合作，以经济合作为
例，双边贸易从 2000 年至 2014 年增加了 21 倍，2017
年中非进出口总额达到 1700 亿美元，同比增长
14.1%。中非之间的贸易额超过了非洲与美国、法国
之间的贸易额。2016 年，中国对非直接投资也由 2009
年的 14.4 亿美元增加到 24 亿美元。再以中国在非洲
投资的企业数量为例，据《中国商务年鉴》提供的数

字，1990 年中国在非洲设立 57 家投资企业，2000 年中国批准在非洲投资的企业数增加到 411 家，2016 年跃升为 3200 家。事实胜于雄辩，无论是 600 年前郑和对非洲的远访，还是进入 21 世纪以来中非关系在外交、经济、文化各个领域的全面、健康发展，铁一般的事实已经使所谓的"新殖民主义论"不攻自破。

第六章 郑和远航非洲与共建21世纪海上丝绸之路

第一节 郑和远航非洲与海上丝绸之路网络构建的意义

(一) 郑和远航非洲与唐代开辟的广州至非洲的航线不同

海上丝绸之路虽然早在汉朝时期已经开辟,但因技术与安全方面等因素,不如陆上丝绸之路可靠,在唐代以前,其在中西交往上的重要性不及陆上丝绸之路。自唐朝后期,西北边境及境外丝绸之路沿线地区战乱频繁,陆上丝绸之路屡废,加之宋元以后中国经济重心南移,以扬州、明州(宁波)、广州、泉州为起点由海路输出丝绸、陶瓷、茶叶,以及输入香料、药材、珠宝等逐渐兴起。于是作为连接亚欧大陆的交通大动脉,海上丝绸之路便逐渐取代了陆上丝绸之路以往的重要地位，而且一直保持持续发展的势头，元代泉州甚至发展成世界第一大港，东南沿海城市，陆续先后繁荣兴盛，终于在明代郑和下西洋之际，由于将海上丝绸之路由西亚延伸至非洲东岸，从而出现了"海上丝绸之路"最为繁荣的历史时期。

在郑和下西洋之前，唐、宋、元代海上丝绸之路虽然不断在发展，但缺乏国家统一的强有力的组织与领导，没有强盛的综合国力作支撑，也没有建立相应的激励机制，因而在规模、地域和成就等方面都不能与郑和下西洋相比。海上丝绸之路的发展，与当时中国同海上丝绸之路沿线各国各地区的友好关系发展的程度成正比关系。在封建集权时代，中国与沿海国家之间关系发展的程度，往往又取决于最高封建统治者对发展中国海外关系的重视程度。郑和下西洋得以启动和发展，正是背后有明成祖朱棣的重视和支持。与历代封建皇帝不同，朱棣是一位"锐意通四夷"的君主，其执政理念是要通过大力发展海外关系，在中国实现一种为前代所未曾有过的中外共享太平之福、万国咸宾的盛世。在这种执政理念的指导下，当时发展海外关系，"南极溟海，东西抵日出没之处，凡舟车可至者，无所不届"。① 没有预先设置的一定地域。根据当时的航海水平和地理知识，郑和舟师按照航海图远

---

① 《明史》卷332《坤城传》。

航，最远能够抵达之处便是非洲东岸一些国家和地区。这里被当时中国人认为是海外"际天所覆，极地所在"的地方。郑和舟师重要成员费信在论及郑和航海的成就时说："是以际天所覆，极地所在，莫不咸归于德化之中。"① 就是指郑和下西洋使远离中国的东非沿岸诸国都受益于明朝的"德化"。郑和远航非洲，在当时就体现了"凡舟车可至者，无所不届"。

　　郑和远航非洲，实现了完全由中国自主航海到非洲的壮举。在明代以前有关海上丝绸之路的文献，如唐代贾耽所记载的"广州通海夷道"，最远至东非的三兰国，即今坦桑尼亚的达累斯萨拉姆。但郑和远航非洲与唐代开辟的广州至非洲的航线不同，一是唐代的航线是沿东南亚、南亚、西亚沿岸航行到达非洲，只有一条沿岸航线；而郑和远航非洲的航线除了沿岸航线，还有三条横渡印度洋直达非洲的航线。

（二）郑和远航非洲构建了海上丝绸之路完善且持之有效的贸易网络

　　郑和远航非洲构建了海上丝绸之路完善且持之有效的贸易网络，是一项创举，为历代不可企及。在中非之间的"海上丝绸之路"上，郑和船队建立了四大

---

　　① 费信：《星槎胜览·序》（两卷本），郑鹤声、郑一钧《郑和下西洋资料汇编》（增编本）上册，海洋出版社 2005 年版，第 536 页。

海洋交通中心站——满剌加（今马来西亚马六甲）、苏门答剌（为印度尼西亚苏门答腊岛西北部一小国，故地在今苏门答腊岛北端东海岸的萨马朗加河［Kreueng Samalang］口内的萨马朗加）、锡兰（今斯里兰卡［Sri Lanka］）、古里（今印度喀拉拉邦北岸卡利卡特［Calicut］，又译科泽科德）。又建立了两大航海贸易基地——忽鲁谟斯（即今伊朗霍尔木兹海峡中的克歇姆［Qushm］岛东部的霍尔木兹［Hormoz］岛，原旧港为鹤秣城，郑和下西洋时期的忽鲁谟斯为建于岛上的新港）、木骨都束（今索马里首都摩加迪沙［Mogadishu］）和两个东西方贸易的大本营——占城（在今越南的中南部）、古里。

四大海洋交通中心站成为郑和船队大综和分综分头向亚非各个国家和地区远航的始发基地。位于马来半岛的满剌加是东南亚各国的一个商业中心区，也是东西洋水陆交通的枢纽，为郑和船队往东南亚以西远航必经之地。正如艾儒略所说："满剌加国地不甚广，而为海商辐辏之地。"① 郑和船队以此为海洋交通中心站，建立了航海贸易基地，对发展与亚非各国间的海上贸易是十分有利的。郑和船队在满剌加建立海洋交通中心站，决非权宜之计，而是深思熟虑、经过认真筹划的。明朝政府在永乐初期即与满剌加国建立了十

---

① 艾儒略：《职方外纪》卷1《苏门答剌》。

分友好的关系，"中国下西洋舡以此为外府"，[①] 在此基础之上，"中国宝船到彼，则立排栅，如城垣。设四门更鼓楼，夜则提铃巡警，内又立重栅，如小城，盖造库藏仓廒，一应钱粮顿在其内。去各国船只回到此处取齐，打整番货，装载船内，等候南风正顺，于五月中旬开洋回还"。[②] 苏门答剌是东西洋海上交通的要道，马欢曾用"苏门答剌峙中流，海舶番商经此聚"[③] 的诗句来概括苏门答剌的重要位置，因此成为郑和分艅船队作扇形远航的始发基地之一，郑和船队在这里设有"官厂"，储存船队与各国贸易的物资及船队所需各种备用物品，还设有船队的船舶修造厂，对保障船队向印度洋沿岸诸国续航有着重要的作用。锡兰沿海，特别是别罗里港口〔在今斯里兰卡西南岸，加勒（Galle）之北，或谓为今之 Belligame，或谓为今之 Beruwala〕是航向西域远国必经的要道，地理位置十分重要，是郑和船队横渡印度洋直达非洲的始航基地之一。位于满剌加、忽鲁谟斯中间的古里国，在东南亚、南亚、西亚和东非各区域中也居于中间位置，不仅是四大海洋交通中心站的中枢，也是郑和船队开展对外贸易的重要据点；以此为据点，郑和船队既可以与南亚

---

① 巩珍：《西洋番国志·满剌加国》。

② 马欢：《瀛涯胜览·满剌加国》。

③ 马欢：《纪行诗》，郑鹤声、郑一钧《郑和下西洋资料汇编》（增编本）上册，海洋出版社 2005 年版，第 535 页。

诸国频繁进行贸易活动，又可以对加强船队在东西方的贸易起到中间站的作用。

作为郑和船队在南亚以西两大航海贸易基地之一的忽鲁谟斯，也是船队在阿拉伯半岛一带地区内主要的航海贸易据点。此地位处亚、欧、非三洲之中，为中世纪时著名的国际贸易中心；又是海上交通的孔道，自印度洋进入波斯湾以至巴格达诸大城，此为必经之地。因此，"凡亚细亚、欧罗巴，利未亚（即非洲——笔者注）之富商大贾，多聚此地。百货骈集，人烟辐辏。凡海内极珍奇难致之物，往辄取之如寄。土人尝言：天下若一戒指，此地则戒指中之宝物也"。[1] 郑和第四次下西洋时，对忽鲁谟斯进行了友好访问，在此建立了贸易据点；郑和并代表明朝政府向忽鲁谟斯国王赠送了丰厚的礼品，其"国王亦将船只载狮子、麒麟、马匹、珠子、宝石等物，并金叶表文，差其头目人等，跟随钦差西洋回还宝船，赴阙进贡"。[2] 随着两国友好关系的建立，郑和船队每次出访都把西行的重点放在忽鲁谟斯，以此为据点，同来自各国的商舶贾人进行贸易。在这个过程中，郑和使团成员对这个地方国际贸易事业的发达，留下了极为深刻的印象。马欢写道："其国边海倚山，各处番船并旱番客商，都到

---

① 艾儒略：《职方外纪》卷100《百尔西亚》。
② 马欢：《瀛涯胜览·忽鲁谟斯国》。

此地赶集买卖。"① 巩珍亦盛称"其处诸番宝物皆有"。② 郑和船队在南亚以西另一重要航海贸易基地木骨都束，也是船队在非洲地区主要的航海贸易据点。木骨都束即今索马里首都摩加迪沙，是中国古代到东非沿岸国家开展贸易的第一站，中世纪时为中理国的王都，南宋时赵汝适撰《诸番志》中有记载，说其"国有山与弼琶啰国隔界，周围四千里，大半无人烟"，又说："大食唯此国出乳香，人多妖术。"③ 冯承钧考证认为"中理国名仅见本书（指《诸蕃志》——笔者注）著录，应指 Somali 沿岸，并包括 Socotra 岛而言。其名未经考订，疑出僧祇，盖据弼琶啰条注二引 Ibn Batuts 书，僧祇之地，北起 Zeila，南抵木骨都束（Mogadoxo）也。中理王都殆在木骨都束。"④

木骨都束具有与中国交往的历史传统，也是郑和船队从西亚进入东非的第一站，沿此地南下可以依次与东非沿岸卜剌哇（即今索马里东南岸布腊瓦［Brava］）、竹步（即今索马里南部朱巴河口的准博［Giumbo］）、麻林（一说为今肯尼亚东岸的马林迪［Malindi］，一说为今坦桑尼亚基尔瓦基西瓦尼，为古代马赫迪尔之首都）、比剌（今非洲莫桑比克岛）、孙剌

---

① 马欢：《瀛涯胜览·忽鲁谟斯国》。
② 巩珍：《西洋番国志·忽鲁谟斯国》。
③ 冯承钧：《诸蕃志校注》卷上，中华书局 1956 年版，第 57 页。
④ 同上书，第 58 页。

（位于非洲东岸索发拉以南）等国开展贸易。

郑和船队以占城和古里为东西方贸易的大本营，对海上丝绸之路的一个重大发展，就是较之前代有着明显的对外开放的精神和举措，即大胆聘用国外熟悉当地贸易的人才和头目担任大本营主持东西方贸易的顾问和贸易代理人。在占城，郑和聘任"占城政府官员"彭德庆为顾问，"协助郑和制订并实施中国与东南亚各国的贸易与经济计划"，为郑和下西洋发展与东南亚各国的贸易做出了重要贡献，后来又出于协调整个东南亚华人社会的需要，进一步得到郑和的重用，成为东南亚华人领袖。在古里，则聘用该国两个大头目为海外贸易的代理人。郑和船队成员马欢记载宝船在古里开展贸易的情况说："其二大头目，受中国朝廷升赏。若宝船到彼，全凭二人主为买卖。"

从古代以至中世纪，古里国长期以来是东西方国际贸易交会的商贸大国，在开展国际贸易方面有着悠久的历史传统，建立了一套比较完善的国际贸易制度，该国的官员也有着比较丰富的从事国际贸易的经验。根据这种情况，再结合对当地的实际考察，郑和一行深知在古里这个地方开展国际贸易，如要获得最大的经济利益，最有效的办法，是发挥古里国在本地进行海外贸易方面的优势。古里国王有大头目二人，负责国内外贸易事务，郑和船队来到古里，就让其代理船队的一切贸易事务，所有买卖上的事，全凭二人做主。

郑和这样做，是一种非常明智的选择。在古里这个地方开展贸易，要与来自东西方各个国家和地区的商人做生意，在买卖过程中要应付各种复杂的局面，如果对各地的物资资源、生产经济、商业贸易、风俗习惯和语言文字不熟悉，对各种货物的质量和市场价格了解得不够，对对方的经济实力和背景不清楚，进行交易时的谈判技巧不到位，如此等等，就很难在交易中盈利。一方面，郑和下西洋，率领庞大的船队与海外各国开展大规模的贸易活动，集中代表了富强的明帝国在发展海外贸易方面的国家利益，绝不是以"给予丰厚，收取微薄"作为对外贸易的原则，而是无一例外地遵循了做生意必以营利为目的的原则。在古里开展海外贸易，就熟悉和掌握各个有关方面的情况而言，正是这两个大头目的强项，何况为职责所系，他们富有经营海外贸易的经验，做生意时盈利的意识也很强，并且在天时、地利、人和方面有一定的优势。因此，在古里开展贸易活动，如果让郑和船队自己来操作，肯定不如交给这两个大头目来操作，更能盈利。况且，郑和船队在古里这个国际大商场做的是一桩桩大生意，而不是几笔小买卖，若想较多地盈利，在时间和精力上没有相当多的投入，也是不行的。在这方面，郑和船队为外交使命所限，就有一定的局限性，

将会力不从心。另外，做生意要赚钱，少不了要讨价
还价，越是想尽量多地赚到钱，就越需要靠上去，费
上时间讨价还价。在这个过程中，买卖双方都是寸利
必争，不讲情面。此事如果让郑和使团来干，面对一
些小国，如此斤斤计较，有失"天朝大国"的风范。
所以，要想既能赚到大钱，又避免亲自出面，最好的
方式，就是让古里的这两个大头目全权代理船队在当
地的一切外贸事务。

马欢曾记载宝船在古里进行贸易的经过情形："王
差头目并哲地未讷几计书算于官府，牙人来会，领船
大人议择某日打价。至日，先将带去锦绮等物，逐一
议价已定，随写合同价数，彼此收执。其头目哲地即
与内官大人众手相拿，其牙人则言某月某日于众手中
拍一掌已定，或贵或贱，再不悔改，然后哲地富户才
将宝石、珍珠、珊瑚等物来看议价。非一日能定，快
则一月，缓则二三月。若价钱较议已定，如买一主珍
珠等物，该价若干，是原经手头目未讷几计算，该还
绝丝等物若干，照原打手之货交还，毫厘无改。"① 像
这样完成一桩买卖，"快则一月，缓则二三月"，船
队就只有将货物卸下，留驻专员在此经理，才能不再
耽搁时间，按计划依次到各国去访问。这就需要在该

---

① 马欢：《瀛涯胜览·古里国》，郑鹤声、郑一钧《郑和下西洋资料汇编》（增编本）上册，海洋出版社2005年版，第435页。

地盖造库藏仓廒，贮存货物。否则的话，船队就要在此守候到各项货物议价结束之日，哪还有时间来完成明朝政府交给的政治外交使命呢？郑和船队在海外各国进行贸易，完成一宗交易之所以需费时日，正是为了议价时，体现平等协商、公平交易的原则，以使贸易双方互惠互利，都能满意。郑和使团对海外诸国既然奉行了和平友好的外交方针，其在对外贸易中也必定要贯彻这一方针。而要做到这一点，就必须具有对外开放的意识，摒弃传统的自视为"天朝上国"，而视海外国家为"蛮夷之邦"的偏执观念，虚心接纳海外国家的长处，让古里的两个大头目全权代理船队一切外贸事务。郑和船队在非洲开展贸易时，也会聘用当地的贸易专家为代理人或顾问，只是相关史料失传，我们不得其详。

郑和下西洋较之前代有着明显的对外开放的精神和举措的又一表现，是聘请国外航海专家担任"火长"，即文献中称为"番火长"的外国航海技术专家，他们主要是航海经验丰富的阿拉伯航海技术人员，比较熟悉从南亚航至印度西南沿海以西至非洲北、东沿海的海况和航线，对保障郑和船队从南亚沿海再远航至东非沿岸，发挥了重要的作用。在海外事务中具有为历代所未有的甚至是超前的对外开放意识，这是郑和下西洋能造就海上丝绸之路最为繁荣的历史时期的重要原因之一。

（三）为保障海上丝绸之路的安全与畅通，建立了相应的激励机制

郑和下西洋对海上丝绸之路的另一个重大发展，就是为了保障海上丝绸之路的安全与畅通，建立了相应的激励机制。郑和下西洋，为了保障海上丝绸之路的安全与畅通，需要克服来自人为的和自然界的各种障碍和危难，为此建立了相应的激励机制。来自人为的障碍和危难，主要指海盗的威胁和其他外部武装力量的袭击。如郑和第一次下西洋因陈祖义海盗集团的偷袭，在旧港发生了一场歼灭陈祖义海盗集团的海战；在第三次下西洋时，因锡兰国国王"阿烈苦奈儿谋劫钱粮船只"，[①]"欲图害使者。用兵五万人，刊木塞道，分兵以劫海舟"，[②] 郑和官兵奋起反击，从而发生锡兰山之役。第四次下西洋时，因曾为苏门答剌国王的儿子苏干剌"领兵数万邀杀官军，和率众及其国兵与战"，[③] 导致发生苏门答剌之役。这三次战役，由于郑和官兵奋勇作战都取得胜利，事后明朝廷都制定了战功升赏条例，按功劳大小分别给予奖赏。在克服来自

---

① 《南京静海寺郑和下西洋残碑》，郑鹤声、郑一钧《郑和下西洋资料汇编》上册，齐鲁书社 1983 年版，第 202 页。

② 明末嘉兴府楞严寺刊本玄奘《大唐西域记》卷 11《僧伽罗国》。

③ 《明成祖实录》卷 97。

自然界的各种障碍和危难方面，明朝廷充分考虑到郑和下西洋广大官兵所经历和克服的种种海上艰险，"以其远涉艰险，且有劳效"，① 屡屡给予各种奖赏。郑和舟师虽然没有在非洲遭遇战事，但在远航非洲的途中及达到非洲之际，会因海难有官兵献身。对这些为远航非洲而牺牲的官兵，明朝廷必然会依据相关的善后机制，给其家属以相应的奖励和抚恤。这些奖励和善后机制的建立，极大地鼓舞了郑和广大官兵勇于战胜海上丝绸之路上的各种艰难险阻，对保障海上丝绸之路的安全与畅通，对促进海上丝绸之路的持续繁荣，发挥了重要的作用。这是郑和下西洋在发展海上丝绸之路上显著优于历代之处，不仅彰显了郑和下西洋缔造了海上丝绸之路最为繁荣的历史时期来之不易，而且丰富了海上丝绸之路的内涵。

（四）郑和远航非洲与海上丝绸之路网络构建的现实意义

依托着海洋交通中心站、航海贸易基地和贸易大本营所构建的贸易网络，郑和远航非洲将东非木骨都束、卜剌哇、竹步、麻林、慢八撒等地纳入海上丝绸之路的贸易体系，空前加强了东非沿岸各国在海上丝绸之路中的地位与作用，促进了亚非之间海洋交通运

---

① 《明成祖实录》卷 78。

输和贸易事业的发展，充分发挥出郑和船队从事海外贸易的潜力，使中国在向非洲输入丝绸、瓷器等商品的同时，也使非洲的龙涎香等香料，长颈鹿、斑马等珍奇异兽输入中国，在为发展中国与亚非国家间的经济交流作出重大的贡献同时，传播了亚非各国人民的友谊和各族人民光辉灿烂的文化，较之历代更显示出海上丝绸之路具有极其重要的国际意义。

中国今天积极推进与各国共建 21 世纪海上丝绸之路的合作倡议，就要像郑和下西洋那样，建立和发展 21 世纪海上丝绸之路上完善的经贸网络，实现中外经贸效益的最大化，同时调动一切可以调动的力量，特别是充分发挥海外华侨华人的作用，齐心协力积极参与共建 21 世纪海上丝绸之路，在改善各国的民生上取得显著成效，进一步提升中国的世界威信，推动人类命运共同体的构建。

第二节　中非传统友谊对共建 21 世纪海上丝绸之路的意义

（一）瓷器谱写东非沿岸历史新篇章

从东非沿岸南下，每个国家的博物馆里都少不了中国瓷器，并为中国瓷器开设专柜展出；每一处遗址的发掘中都少不了中国瓷器，难怪历史学家感叹：

"东非沿岸的历史是用中国瓷器写成的。"英国考古学家惠勒（Wheeler）更加具体地说："10 世纪以后的坦噶尼喀地下埋藏的历史，是用中国瓷器写成的。"① 这是因为，在 1955 年前后的考古调查中，坦桑尼亚沿海一带 46 处遗迹中均发现有中国瓷器，而且这些废墟的各文化层的绝对年代，是要依靠它们所含的中国瓷器来精确地断代。肯尼亚拉木博物馆的展览前言中介绍，拉木是斯瓦希里语的发源地，深受阿拉伯、印度、中国文化的影响。参观时方知，本地出土的中国瓷器占馆藏的一大部分。一组中国瓷器的说明中写道：14—18 世纪，中国瓷器在拉木群岛一带非常流行，中国人用瓷器来换象牙和黄金等。

　　蒙巴萨以北约 105 千米处，有一个著名的古城遗址——格迪城邦。20 世纪中叶，这里出土的大量的中国古瓷片一时成为世界考古学界的热门话题，中国元朝著名旅行家汪大渊曾到此一游。仅就这两点而论，格迪与中国交往可谓源远流长。考古发掘表明，格迪城邦始建于 13 世纪末期或 14 世纪初叶，至 15 世纪中叶达到鼎盛时期，17 世纪初期被废弃闲置。格迪一词源于东非盖拉语，意为"珍贵"。格迪古城

---

　　① ［美］戴维逊：《非洲的废弃城市》，第 146 页。转引自夏鼐《作为古代中非交通关系证据的瓷器》，《文物》1963 年第 1 期。

占地面积 45 英亩，城内的主要建筑有皇宫、大清真寺、城墙和墓群。皇宫由 10 座建筑组成，其中两座的命名与中国有关：中国钱币室和中国瓷器室。中国瓷器室内发现了大量的 15 世纪的中国瓷器，包括青瓷、青白瓷、青白花瓷和橄榄绿色的碗、碟、坛、罐等；仅大清真寺遗址中就出土了 305 件中国古瓷，部分出土的瓷器陈列在格迪博物馆内。从考古发掘情况看，中国瓷器是当时格迪城内王公贵族、富商巨贾的欣赏品和餐具器皿。考古学家认为，大量中国瓷器的发掘说明，格迪与中国的商贸往来密切以及当时的人口繁华程度，也旁证了考古学家指出的"东非海岸的历史乃是中国瓷器所写成的"这一论断。"挖一锹简直满铲子都是中国瓷器……我想，这种说法并不过分，即就中古时期而言，从 10 世纪起坦噶尼喀被埋在地下的历史是写在中国瓷器上的。"[1] 郑和访问过马林迪和蒙巴萨是不争的事实，格迪处于二者之间，距离马林迪仅 16 千米，且是海滨城邦。还有学者认为，格迪实际上就是古代马林迪。英国非洲史学家巴兹尔·戴维逊认为，格迪实际上就是古代马林迪。[2] 由此可见，郑和船队访问过格迪，而且通过格迪发掘的 15

---

① 转引自 ［英］李约瑟《中国科学技术史》第四卷第三分册，科学出版社、上海古籍出版社 2008 年版，第 545 页。

② 参见巴兹尔·戴维逊《古老非洲的再发现》，屠尔康、葛佶译，生活·读书·新知三联书店 2000 年版。

世纪后期中国的青花瓷和青瓷判断，在郑和船队到访之后，中国与格迪的贸易往来仍未间断。

　　在文物展室门口的"说明"中，有这样一段话："遗址发掘出来的文物包括从中国和伊斯兰世界来的瓷器、玻璃和贝壳珠子、金银首饰和钱币。"一个几乎完整的大花瓷碗为展室增色不少，它是格迪遗址发现的唯一近乎完整的中国瓷器。下面的图片说明这样写着："这个大青白瓷花碗表面绘着盛开的荷花和卷须的三片叶，碗内侧有长寿的图案。这是格迪遗址发现的明朝初期的中国瓷器。"历史图片展览室介绍格迪的历史渊源，从创建、发展、兴盛到消亡，记录了这座古城的全部兴衰史。其中有两大重点：一是郑和船队来访；二是达·伽马船队通过。在郑和船队到访的图片中，既有郑和本人的画像，也有明成祖的画像，皆引用于中国的文献和典籍；既有郑和船队开洋地的照片，也有当年格迪城的照片；既有 1431 年郑和巨船的图片，长 140 米，也有哥伦布船只的图片，长 30 米，布展者特意将两者排列在一起进行比较，其大小与气势一目了然，相比之下，哥伦布的帆船可谓小巫见大巫了。

　　蒙巴萨的博物馆设在当年葡萄牙人建筑的堡垒内。史料记载，蒙巴萨最早出现在书面上是 1154 年，15 世纪发展到繁荣期，成为亚非之间最大的滨海商贸中心，中国的陶瓷和丝绸也在交易之列，当地人主要以香料、黄金和象牙换取。中国元朝著名旅行家汪大渊曾到过此地，他在 1339 年根据其亲历撰写的《岛夷志略》一书中提到东非沿海一带的城邦。1413—1433 年，郑和船队也访问过蒙巴萨。1498 年，葡萄牙航海家达·伽马在东渡印度途中经过这里。16 世纪，葡萄牙侵略者曾四次烧抢该城，于 1589 年最终将其占领，并将其海军总部从马林迪迁至蒙巴萨。从 1593 年起，葡萄牙占领者动用人力物力财力大兴土木，开始修建这一军事防御堡垒，三年后竣工。百余年后的 1697 年，阿拉伯人击败葡萄牙人夺取蒙巴萨，后又在 1888 年被英军夺走，至 1963 年国家独立后才重归肯尼亚。在瓷器展厅的橱窗里摆放的各种中国瓷品令人目不暇接，其中一个中心是龙图案的青瓷带釉花盘，构图精美，吸引着不少参观者的目光。该展厅的序言中这样写道：在 15 世纪的蒙巴萨，中国的青瓷用具比伊斯兰国家的玻璃器皿更为流行。

现存的史料中没有关于郑和船队访问坦桑尼亚的记载，但有郑和部下到访莫桑比克的记述。莫桑比克位于坦桑尼亚的南面，而郑和船队当年是沿着东非海岸从北向南航行的，如果郑和船队曾远抵莫桑比克，那么就很有可能先经过坦桑尼亚。正是基于这一认识，外国有学者坚信，郑和船队当年访问过坦桑尼亚的桑给巴尔岛、奔巴岛和基尔瓦，并留下一些遗迹。达累斯萨拉姆不仅享有"和平之港"的美称，还是举世闻名的坦赞铁路的起点站。位于首都中心的国家博物馆，有关中国的文物和内容可分三大部分：中国瓷器、郑和船队在东非的影响和中坦友谊。馆藏的中国瓷器既有元朝花瓶，年代为 1300—1320 年，也有明朝豆绿色的青花瓷盘子和底部写有"天下太平"四个汉字的瓷碗。除完整的瓷器外，还有一些瓷片，其中 14 世纪印有"龙"图案的大缸碎片、16 世纪印有"人"头像的碗底和 18 世纪写有"寿"字的盘子残片等，因其带有鲜明的中国特色，使许多参观者流连忘返。这些中国瓷器都是在坦桑尼亚境内出土的，主要分布在三个地方，从北向南依次是：奔巴岛（Pemba）、桑给巴尔岛（Zanzibar）和基尔瓦岛（Kilwa）。坦桑尼亚博物馆里的中国瓷器，再一次印证了西方学者关于"东非沿海的历史是用中国瓷器写成的"的观点。

反映郑和船队访问东非沿海的展品中，有两幅大型图画格外引人注目。一幅是著名的"麒麟图"，出自中国明朝画家沈度之手，展出的是复制品；另一幅是一位名叫埃佛戴尔（Efdel）的坦桑尼亚画家的作品，生动地再现了 15 世纪郑和宝船到访东非沿海的情景。该画的说明指出，中国宝船第一次于 1417—1419 年抵达东非海岸。

在中坦友谊展柜，两幅图片格外醒目，一幅是

《友谊纺织厂的落成典礼》，该厂是中国援建的。另一幅反映的是，时任坦桑尼亚总统尼雷尔（Julius Kambarage Nyerere）和赞比亚总统卡翁达（Kenneth David Kaunda）与中方官员一同视察坦赞铁路的隧道工地，两位非洲国家元首向中国施工人员微笑致意的场景，令人油然而生"中非人民亲如一家"之感。在原王宫的客厅里，安放着数尊大花瓶，是中国明朝的瓷器，上有"龙"的图案。与国家博物馆一样，和平博物馆也有中国瓷器，既有完整的瓷碗，也有零碎的瓷片。

赞比亚前总统卡翁达在接受笔者专访时说过这样一番话语：在非洲历史上，奴隶贩卖、殖民入侵和殖民统治，给非洲人民造成了巨大的灾难和痛苦。而先于西方殖民者抵达非洲的中国人，与非洲人进行平等贸易，给非洲带来了中国瓷器、丝绸、茶叶和中国文化，没有占领非洲一寸土地。中华人民共和国成立后，中国政府和人民大力支持非洲人民争取国家独立和民族解放的正义斗争，无私帮助非洲国家进行经济建设，坦赞铁路就是最好的例证。"坦赞铁路是中非友谊的丰碑，我们永远不会忘记友好的中国人民给予我们的支持和帮助。"

（二）长颈鹿远洋来华传颂友谊佳话

郑和下西洋期间，麻林国王向中国明朝皇帝赠送长颈鹿的史实，是中非关系史上的一段美谈，直到今天，仍是中国和肯尼亚乃至非洲大陆各国家喻户晓的故事。南非前总统姆贝基谈到中非友好交往史时曾几次提及"麻林"遣使贡"麒麟"这段往事，南非前议长金瓦纳（Frene Ginwala）女士对此更是津津乐道。"麻林"即马林迪，长颈鹿就是中国古代认为的神兽"麒麟"，被视为吉祥之物。值得一提的是，在索马里语中，长颈鹿（girin）恰巧与中国的麒麟同音。1414年，孟加拉国国王把自己从马林迪获得的一头长颈鹿作为礼物贡奉给明成祖，在中国朝廷引起轰动。1415年 12 月，马林迪直接遣使将一头长颈鹿送到北京，明成祖朱棣亲临奉天门迎接非洲使臣。《明史》这样记载这件事："麻林，去中国绝远。永乐十三年遣使贡麒麟。将至，礼部尚书吕震请表贺。帝曰：'往儒臣进《五经四书大全》，请上表，朕许之，以此书有益于治也。麟之有无，何所损益？其已之。'已而麻林与诸蕃使者以麟及天马、神鹿诸物进，帝御奉天门受之。百僚稽首称贺，帝曰：'此皇考厚德所致，亦赖卿等翊赞，故远人毕来。继自今益秉德，迪朕不逮。'"[①] 这足见中国皇帝对马林迪国王与使臣的重视。

中国皇帝为何对麒麟如此情有独钟呢？这是因为

---

① 《明史》卷三百二十六《麻林传》，转引自郑鹤声、郑一钧编《郑和下西洋资料汇编》（中），海洋出版社 2005 年版，第 954 页。

中国古代对麒麟的认识已达到了图腾崇拜的程度，认为麒麟是神物，即使是东汉的"无神论者"王充也在《论衡》中指出："麒麟，兽之圣者也。"① 麒麟难以见到，它的出现就非同一般，人们自然又为其涂上一层神秘色彩，赋予神权的象征。明代儒臣金幼孜说得更为具体："臣闻麒麟天下之大瑞也，帝王之德，上及太清，下及大宁，中及万灵，则麒麟见。又云天不爱道，地不爱宝，人不爱其情，则麒麟见。"明朝的达官显贵和翰林学士纷纷咏赞麒麟，仅编选的《瑞应麒麟诗》就达 16 册之多。② 据著名郑和研究专家郑鹤声、郑一钧父子考证，永乐年间，亚非各国向明王朝馈赠麒麟共有 5 次：第一次是永乐十二年（1414）秋九月，榜葛剌国馈赠；第二次是永乐十三年（1415）秋九月，麻林国馈赠；第三次是永乐十五年（1417）秋，阿丹国馈赠；第四次是宣德八年（1433）秋八月，古里、阿丹等国馈赠；第五次是正统三年（1438）十月，榜葛剌国馈赠。③

在马林迪——中国古人眼中"麒麟"的故乡，"长颈鹿的故事"人人皆知，这与肯尼亚政府重视中非友谊关系密切。马林迪博物馆馆长还特别提到，长

---

① 王充：《论衡·讲瑞篇》。

② 参见胡廷武、夏代忠主编《郑和史诗》，云南人民出版社、云南美术出版社、云南晨光出版社 2005 年版，第 354 页。

③ 同上。

颈鹿的故事只是中肯友谊的一个侧面，就当年而言，马林迪国王曾几次派使者访问中国，还送去了斑马、鸵鸟等动物，"时过境迁，动物不知从何时起开始从沿海向内地迁移，现在的马林迪很少能看到这些动物了，特别是长颈鹿"。就双方交往来看，"马林迪使者带回了中国皇宫的特产，郑和船队带来了中国的瓷器和丝绸等物，深受当地人欢迎。中国瓷器一时成为贵重物品和财富的象征，富裕人家以收藏中国瓷器为时尚，就是在墓碑上也以镶嵌中国瓷碗和瓷盘作为身份与地位的象征"。在馆长的带领下，笔者来到马林迪城北 11 千米处的曼布鲁伊村，走进杂草丛生的一片墓地，其中两个一人高的圆柱形墓碑上镶嵌着中国瓷盘，一周共 10 个，其中 6 个被人偷走，剩下的 4 个也被敲打得残缺不全。"当地人把中国瓷器视为财富，别说是完整的盘子，即使是从盘子周围敲打下来一些碎片，偷回去也是藏在自己家中的箱子里当作宝贝保存起来。"馆长如是说，"由此可以看出中国在马林迪的影响，中国瓷器在马林迪的地位。令人遗憾的是，尽管两国当时的交往频繁，中国古代的航海技术高超，但是马林迪后来被葡萄牙人占领了，中国在这里的影响逐渐减弱了"。虽然后来中国的影响在马林迪减弱了，但长颈鹿的故事代代相传。

《肯尼亚的过去与现在》（*Kenya Past and Present*）

一书是以讲故事的形式向孩子讲述肯尼亚历史的，书中收录了一篇根据历史事实而创作的儿童故事——《麒麟，神圣的长颈鹿》，这篇故事的英文名为 "K'i-Lin the Celestial Giraffe"。在故事中，长颈鹿以第一人称"我"讲述漂洋过海来到中国后的经历："郑和从船上来到我面前，给我鞠了一躬说：'圣兽，我们带你去见皇帝。'我走在侍卫和他的同事们中间，脖子上没有绳索，也没有人触摸我。当我来到皇宫时，一大群人集合在大院内，我长得很高，一眼就从人群中发现皇帝坐在宝座上，他的身旁站满了文武百官。人群向两边后退，我与皇帝之间出现了一条通道。当我朝皇帝走过去时，人们下跪磕头。中国人从来没有见过像我这样的动物，以为我是个神兽。这时，皇帝的大管家站了起来，视线从我身上转移到皇帝身上，'我以前见过这一神兽'，他用敬重的语气说，'是做梦时梦见的'，同时我总是听到这样一个声音：'只有当一个国家的统治者是特别仁善正义的皇帝时，我才出现在地球上。'当文武百官向他表示祝贺时，皇帝显得谦虚起来：'这一神兽之所以能在我们国家出现，是因为我的父亲是一位如此仁善正义的皇帝，我的文武百官们帮助我继承了他的传统。'这时，所有的人都面对着我，他们期待着我讲话。我站在皇帝身旁，俯视着人群。'我叫麒麟'，我告诉他们，'我从遥远的非洲大陆的马林迪来到中国，旅行的时间很长。尽管一路上经历了风暴和疾病的侵袭，但是我仍然健壮，感觉很好。'当我从皇宫大院向我居住的宫殿大踏步走过去的时候，我在中国乃至世界上成为'完美的象征'：完美的仁政，完美的皇权，完美的和谐。"

　　长颈鹿的故事是中非传统友谊中一段美好动人的佳话，虽经 600 余年的沧桑，这段佳话中所蕴含的对中非友谊"完美的和谐"的颂扬和向往，必将随着中非共建 21 世纪海上丝绸之路历久弥新，为构建人类命运共同体谱写新的篇章。

第三节　当代中国对非政策对共建 21 世纪海上丝绸之路的意义

（一）"中国威胁论"可以休矣

　　郑和七下西洋历时 28 年，其首航时间距离今天已 613 年了。以当代意识审视这一发生在中国明朝、影响了中国历史发展乃至世界历史进程的重大事件，再以历史的深度思考当代中国的对非政策，我们可以得到多方面的启示。探讨郑和下西洋与非洲的关系，把"焦距"从郑和远航非洲与当今与非洲各国共建 21 世纪海上丝绸之路相对接，我们能够从历史发展的脉络中，比较清晰地观察到历史与现实之间的相互联系与逻辑关系，而从这些关联中，有力地反击了西方针对中非关系编造的所谓"中国威胁论"。

郑和远航非洲，贯彻执行的明朝对非政策，确立了中非之间的"三无关系"，即无战争、无边界领土问题、无历史纠葛，成为古代、近代中非交流的范例，是一笔十分宝贵的历史遗产。关于明朝对非政策，也即明初的对外政策，朱元璋在开国元年——洪武元年（1368）对安南（越南）的诏书中明确宣称："昔帝王之治天下，凡日月所照，无有远近，一视同仁，故中国奠安，四方得所，非有意于臣服之也。"从这一大政方针出发，当时强大的明帝国与外部世界联系的总方针是："与远迩相安于无事，以共享太平之福。"① 郑和下西洋贯彻执行了这一对外方针。永乐七年（1409）三月，明成祖朱棣命郑和再下西洋，"敕谕四方海外诸番王及头目人等……祗顺天道，恪守朕言，循理安分，勿得违越；不可欺寡，不可凌弱，庶几共享太平之福"。② 宣德五年（1430）六月，明宣宗朱瞻基派遣郑和第七次下西洋，要求海外诸国"其各敬顺

---

① 《明太祖实录》卷 34，见郑一钧《论郑和下西洋》（修订本），海洋出版社 2005 年版，第 9 页。

② 《郑和家谱》敕海外诸番条，见郑鹤声、郑一钧《郑和下西洋资料汇编》上册，齐鲁书社 1980 年版，第 99 页。

天道，抚辑人民，以共享太平之福"①。由此可见，由明太祖朱元璋制定的，而由明成祖朱棣和明宣宗朱瞻基一脉相承下来的中国对海外诸国的总方针，实际上就是郑和下西洋对海外诸国的总方针，也是郑和下西洋的终极目标。所谓与海外诸国"共享太平之福"，就是要建立起一种国际和平与公正的格局，即在各国之间消除欺寡凌弱的现象，中国既不去威胁世界其他国家，又要使中国免受来自海上的威胁，并努力发展中国与亚非各国间政治、经济、文化等诸方面的友好关系。郑和下西洋在发展中国与非洲各国间的友谊方面，就是这样忠实地执行了联合与友好交往的外交方针，从而把中非传统友谊发展到一个新的阶段。

落难肯尼亚帕泰岛的郑和船队水手，正因为是郑和下西洋贯彻明初对外方针的执行者，所以他们能够融入非洲大家庭，在与当地人打成一片、友好相处的过程中，成为移居非洲的首批华人。与此同时，他们又顽强地坚持和保留着中国文化传统和价值观，以自己的实际行动为中国人在非洲赢得了赞誉，为中非人民的相互了解、为中国文化的传播做出了独特贡献。他们不仅与数百年后移居非洲的欧洲殖民者形成强烈反差，而且为当今非洲华侨华人融入和服务当地社会

---

① 《明宣宗实录》卷 67，见郑一钧《论郑和下西洋》（修订本），海洋出版社 2005 年版，第 9 页。

树立了光辉榜样。

以史为鉴使人明智。中国没有用武力征服任何一国，中国没有向任何国家输出自己的价值观，汉语从来没有，也永远不会成为任何一个非洲国家的官方语言。西方那些"中国威胁论"者无视这一基本的历史事实，出于以己之心度人之腹的逻辑，继续坚持"殖民思维"，他们不断制造所谓的"中国威胁论"等谬论，也就不足为奇、不足为怪了。

需要强调的是，必须把"中国威胁论"与中国为维护自身利益而采取主动行为、为促进世界和平而积极参与国际事务严格区分开来。随着全球化日益深入和中国不断走向开放，中国融入世界的深度、广度和力度也会随之增加，中国与世界各国打交道的机会也会越来越多。一个显而易见的例子是，随着海外中国人的数量不断增加，中国的护侨问题日益突出。在利比亚，2011 年 3 月，3.5 万名中国公民撤离。与此同时，随着中国商务活动的扩展，中国的海外利益需要保护。在亚丁湾、索马里海域，从 2008 年 12 月开始，中国海军远洋护航，保护中国商船安全顺利通过。和平、发展、合作是时代的呼唤，是各国人民共同利益之所在。中国政府一贯表示，中国将继续恪守维护世界和平、促进共同发展的外交政策宗旨，坚持独立自主的和平外交政策，始终不渝走和平发展道路，不断发展同世界各国的友好交往和互利合作，积极参与应对全球性问题的国际合作。

其实，明眼人一看就知晓，中国积极参与国际事务，主动维护自身利益与所谓的"中国威胁"具有实质性区别。把中国积极参与国际事务、主动维护自身利益的行为视作"威胁"，如果不是继续戴着有色眼镜观察发展变化中的中国，就是故意混淆是非、蛊惑人心，甚或是为中国的一切行动设定所谓的前提，只要中国有所作为就是"犯规"，就是所谓的"威胁"。这与其说是"中国威胁"，不如说是"威胁中国"，企图让中国作茧自缚，不敢越雷池一步。他们企图挥舞"中国威胁论"的大棒来框定中国、限制中国、遏制中国，其目的如"司马昭之心"，无论怎样掩盖，都像其遏制中国的任何行为一样，不但徒劳无益，反而欲盖弥彰，暴露了自己的真实面目。

郑和船队最早代表一个主权国家访问非洲，郑和使团成员最早定居非洲。中国首批非洲移民的实践告诉世界，中国不想也不会当殖民主义者，假如中国真的想当殖民主义者，在非洲和世界推行殖民主义，那就不会是所谓的新殖民主义者，而是真实的老殖民主义者，晚于中国人登陆非洲的欧洲殖民者，充其量不过是个"新殖民主义者"而已。事实表明，正是推行殖民压迫和殖民剥削的西方国家，不断变换花样，对非洲人民进行殖民掠夺和奴役。

600多年前，郑和船队远航非洲，因意外船难而使水手滞留国外，又受当时交通和通信限制，这批船员永远地留在了非洲，并与非洲人民融为一体，在非洲大地生根开花，传播中华文化，成为首批非洲华人。郑和船队贯彻执行的明朝廷的和平外交政策，是中华民族热爱和平、崇尚和谐、践行和善、追求和美传统理念的外交实践，它与新中国贯彻执行的和平外交政策一样，同是中华优秀文化传统的延续和继承，同属中华文化核心价值观的范畴，共同闪烁着人类文明和智慧的光彩、光辉和光艳！今天中国与非洲各国共建21世纪海上丝绸之路，正是沿着首批非洲华人的足迹，在21世纪的世界舞台上，谱写中非合作共赢更加光辉灿烂的新篇章！

（二）当代中国对非政策对共建21世纪海上丝绸之路的意义

当代中国对非政策大大超越了郑和下西洋的历史局限性，具有战略性、互动性和国际性等显著特点，实现了对非政策的持续、稳定和全面发展。郑和下西洋四赴非洲总方针与当代中国对非政策具有一定程度的相似性仅是问题的一个方面，而由于明朝中国与当代中国所处的历史时代和国际环境大相径庭，特别是社会制度和发展道路迥然相异，二者具有本质的区别，其相异程度远大于相似之处。

第一，当代中国对非政策突破了郑和下西洋的历史局限性，实现了对非政策的持续、稳定和全面发展。

郑和下西洋时期，中国处于封建社会的强盛阶段，皇权高于一切。尽管郑和下西洋在政治、经济、外交、军事、文化等诸多方面取得了一系列积极成果，但是封建制度自身的弊端终使这一人类向海洋进军的壮举和中国与海外诸国的友好交往昙花一现，戛然而止。世人普遍为郑和下西洋不能持续而扼腕叹息，然而它符合历史的发展规律，无论是做出下西洋决策的封建皇帝朱棣，还是奉命远航的船队总兵郑和，皆无法避免其所处时代的局限。历史的局限性使郑和下西洋不可能继续下去，当时创立的中非友好关系当然也就不可能持续发展。

当代中国对非政策具有坚实的政治基础、深厚的感情纽带和规范的合作机制，因而能够持续发展。中非双方彼此平等是当代中国对非政策的一个基石，加之中国和非洲国家有着相似的历史遭遇，现在又面临共同的发展任务，相似的命运、共同的目标把中国和非洲紧紧团结在一起。同时，中非关系在几十年发展的基础上又形成了新的合作机制——中非合作论坛，机制化保证了中非之间定期集体会晤，推动双边关系持续发展。

　　当代中国对非政策是在互利双赢的经济前提下和交流互鉴的文化沟通中进行的，因而能够稳定发展。国与国之间的交往绕不开利益，中国与非洲国家的关系也不例外，但是双边的经济往来是互利共赢，彼此受益；在文化交流上互相借鉴，彼此尊重对方的文明传统和生活习惯。明成祖朱棣在谈及郑和下西洋时指出："恒遣使宣教化于海外诸番国，导以礼义，变其夷习。"① 郑和所到之处，向海外诸国颁发中国历法，其内容包括明朝政治、社会、礼俗的各个方面，作为范本让海外诸国遵循。换言之，郑和下西洋对海外诸国主要是单向地宣扬中国文化，而非文化双向交流。当代中国对非政策面向整个大陆开展多渠道、宽领域、全方位、深层次的外交活动，因而能够全面发展。而受当时地理知识和交通状况的限制，郑和船队当年访问的仅是东非沿岸的一些国家，未能涉足非洲内陆，同时双边贸易的数量和物品种类与现在也不可同日而语。当代中国与非洲是全天候的朋友，对非关系面向所有非洲国家，双边交流的范围涉及所有领域，是好朋友、好伙伴、好兄弟之间的全方位外交。

　　2013 年 3 月，习近平主席首次出访即选择非洲，

---

　　① 朱棣：《御制南京弘仁普济天妃宫碑》，见郑鹤声、郑一钧《郑和下西洋资料汇编》中册，齐鲁书社 1983 年版，第 856 页。

访问坦桑尼亚、南非和刚果（布）三国，向世界表明中国对中非传统友谊的倍加珍惜和对中非关系的高度重视。在坦桑尼亚，习近平主席发表题为《永远做可靠朋友和真诚伙伴》的重要演讲，强调中非历来是命运共同体，提出中方秉持"真实亲诚"对非政策理念和正确的义利观，同非洲朋友携手迈向合作共赢、共同发展的新时代，引发广泛关注和强烈反响，对于指引新时代中非关系发展具有重要意义。2015 年 12 月，习近平主席对津巴布韦和南非进行国事访问，并主持中非合作论坛约翰内斯堡峰会，这也是继 2006 年北京峰会之后首次在非洲大陆举行中非合作论坛峰会，具有历史性意义。此次峰会将中非关系提升为全面战略合作伙伴关系，并为此做强和夯实"五大支柱"：政治上平等互信，经济上合作共赢，文明上交流互鉴，安全上守望相助，国际事务中团结协作。实施以促进非洲工业化和农业现代化为核心的"十大合作计划"。

　　中非之间这种全面战略伙伴关系，一是指中国与非洲大陆所有国家交往；二是说中国与每个非洲国家的所有领域进行交流与合作；三是讲中国秉持"真实亲诚"的政策理念和正确的义利观发展与非洲国家的全方位关系。中非之间这种全面战略伙伴关系是建立在国与国平等基础之上的，没有非洲国家的大小贫弱之分，更没有非洲国家的资源丰富与贫乏之别，那种认为中国与非洲国家发展关系是为了抢占非洲资源的"中国威胁论""新殖民主义"等奇谈怪论是站不住脚的。

第二，当代中国对非政策超越了郑和下西洋的历史局限性，具有战略性、互动性和突破性。

中华人民共和国成立伊始，中国领导人就站在无产阶级国际主义的高度，支持非洲人民争取民族解放与国家独立的正义事业。在非洲国家赢得独立后，中国又帮助非洲国家发展民族经济、提高人民生活水平。换言之，中国领导人从战略的高度重视中非关系，这种战略性包含两层意思，一是老一代中国领导人高瞻远瞩开启了中非关系的大门，并为中非关系的发展奠定了良好基础；二是中国领导人一向重视中非关系，强调援助非洲既要重视投资涉及国计民生的大项目，又要重视增强非洲国家的自主发展能力，还要求中国企业树立自己的形象、注意环境保护、处理好与当地居民的关系。

中国外交的战略性还表现在持续派遣中国海军远洋护航。进入 21 世纪以来，索马里海盗猖獗一时，中国过往亚丁湾、索马里海域的商船受到严重威胁，为保护中国商船和船员的安全，应索马里过渡政府的邀请，中国于 2008 年年底派出海军舰队赴亚丁湾、索马里海域执行护航任务。海外媒体认为这是 600 年后

"郑和再来"。郑和当年开辟了中国海军非战争运用的先河，在东南亚一带打击海盗受到各方好评。不过，郑和船队是在下西洋途中遭遇海盗，为民除害，保障航道安全；而中国海军远征是专程为过往亚丁湾、索马里海域的中国船只护航，是中国海军在非战争情况下的出征，是中国利益远洋化对海军提出的新要求。这是中国外交的一大手笔，意义非同小可。

互动性是指中非关系不是单向的帮助和支持，而是双向的彼此合作与共赢。长期以来，我们始终风雨同舟、相互支持。早在 20 世纪五六十年代，中非就在反帝、反殖、反霸的历史浪潮中并肩战斗，在振兴民族经济的艰辛历程中携手同行。"中国援建的坦赞铁路和非盟会议中心成为中非友谊的丰碑。中国政府和人民在援非抗击埃博拉行动中率先行动，引领国际社会援非抗疫，诠释了中非患难与共的兄弟情谊。非洲国家无私支持中国重返联合国，在中国汶川、玉树等地发生严重地震灾害后踊跃向中方捐款，中国人民对此铭记在心。"①

当代中国对非政策因基础坚实而实现了飞跃式发展，具有突破性。"15 年来，中非各领域务实合作成

① 习近平：《开启中非合作共赢、共同发展的新时代——在中非合作论坛约翰内斯堡峰会开幕式上的致辞》，《人民日报》2015 年 12 月 5 日第 2 版。

果丰硕。2014 年中非贸易总额和中国对非洲非金融类投资存量分别是 2000 年的 22 倍和 60 倍，中国对非洲经济发展的贡献显著增长。中非合作论坛已经成为引领中非合作的一面旗帜，为南南合作树立了典范，成为带动国际社会加大对非洲关注和投入的先锋。"① 从 2015 年中非合作论坛约翰内斯堡峰会到 2018 年中非合作论坛北京峰会，短短 3 年时间，中非合作共赢又迈出新步伐，取得新成就。

第三，当代中国对非政策彰显出中国外交政策的基本理念和我们这个时代的鲜明特征，具有开放性、包容性和国际性。

中国对非关系是中国外交政策的重要组成部分，中非合作是南南合作的典范。这主要因为中非关系和中非合作体现了中国外交政策的基本理念，正如习近平主席指出："中非友好历久弥坚、永葆活力，其根本原因就在于双方始终坚持平等相待、真诚友好、合作共赢、共同发展。中非永远是好朋友、好伙伴、好兄弟。"② 郑和下西洋时期，尽管郑和使团本着"王者无

①　习近平：《开启中非合作共赢、共同发展的新时代——在中非合作论坛约翰内斯堡峰会开幕式上的致辞》，《人民日报》2015 年 12 月 5 日第 2 版。

②　同上。

外，中天下而立，定四海之民，一视同仁"① 的精神，但是封建皇帝追求的是"万国来朝"和"四海宾服"，以期实现所谓凡"舟车所至，人力所通"，"际天所覆，极地所载，莫不咸归于德化之中"②。这里的"一视同仁"是指郑和使团所访问的海外诸国的地位是平等的，强大的明帝国则居高临下，让他们来"朝贡""宾服"，则是表现出一定的历史局限性。而非洲的前殖民宗主国们在殖民时期奴役着广大非洲国家，时至今日仍以"主子"的态度看待非洲、对待非洲。中国之所以能够赢得非洲的尊重，是因为中国首先尊重非洲，平等对待非洲，与非洲的前殖民宗主国们有着本质上的区别。中国平等地与非洲国家发展关系、平等地对待非洲各国人民，这并不排斥其他国家和人民与非洲发展正常的外交关系，相反中国欢迎其他国家支持和帮助非洲发展；中国与非洲的关系是开放透明的，是新型的战略伙伴关系，并不存在结盟与联合对抗第三者，更不会妨碍非洲国家与其他国家友好合作，相反中非双方进一步加强互利合作，有利于带动国际社会更加关注非洲，帮助非洲加快实现千年发展目标。中非关系具有极强的包容性，这一包容性与战略性和

---

① 《明成祖实录》卷 23。

② 郑鹤声、郑一钧：《郑和下西洋资料汇编》中册，齐鲁书社 1983 年版，第 863 页。

国际性相辅相成、相得益彰。

中非关系的国际性表现在中非之间在国际事务中加强磋商和协调，照顾彼此关切，共同应对各类全球性安全威胁和挑战，以推动均衡和谐的全球发展。同时，中非在国际事务中相互信任、协调配合，有利于共同维护发展中国家的正当权益。中非充分认识到气候变化给全球尤其是发展中国家带来的不利影响，主张通过切实有效的国际合作，共同应对气候变化。中非致力于维护并落实《联合国气候变化框架公约》和《巴黎协定》，坚持"共同但有区别的责任"原则，认为发达国家应当承担大幅度减排的历史责任，并为发展中国家应对气候变化提供资金、技术和能力建设支持。中非不断加强在气候变化、绿色发展领域的对话与合作，采取积极有效措施，提升非洲国家应对气候变化的能力。

中国是世界上最大的发展中国家，非洲是发展中国家最集中的大陆，中国和非洲的人口占世界人口1/3以上。仅这一点，中非关系在当今世界上的重要性就不言而喻。探讨郑和远航非洲与当代中国对非政策之间的关系，从这一历史发展的脉络中，寻找古代中国与当代中国对外政策、对非关系的联系与区别，以便清楚地认识中国对非政策600多年与60多年的传承和扬弃，进而古为今用，对促进中非共建21世纪海上丝绸之路，更好地造福中国人民和非洲人民，推动人类命运共同体的构建，具有极其重要的历史与现实意义。

参考文献

1. 李新烽主编：《郑和与非洲》，中国社会科学出版社 2012 年版。

2. 李新烽：《非洲踏寻郑和路》，云南晨光出版社 2005 年版。

3. 郑一钧：《论郑和下西洋》，海洋出版社 2005 年版。

4. 郑鹤声、郑一钧：《郑和下西洋资料汇编》（增编本），海洋出版社 2005 年版。

5. 郑一钧：《郑和全传》，中国青年出版社 2005 年版。

6. 张铁生：《中非交通史初探》，生活·读书·新知三联书店 1973 年版。

7. 朱俊彦：《古代中国与西亚非洲的海上往来》，海洋出版社 1986 年版。

8. 胡廷武、夏代忠：《郑和史诗》，云南晨光出版社 2005 年版。

9. 马文宽、孟凡人：《中国古瓷在非洲的发现》，紫禁城出版社 1987 年版。

10. ［英］巴兹尔·戴维逊：《古老非洲的再发现》，生活·读书·新知三联书店 1973 年版。

11. 汪大渊著，苏继庼校释：《岛夷志略校释》，中华书局 2009 年版。

12. 周去非著，杨武泉校注：《岭外代答校注》，中华书局 2006 年版。

13. 张星烺编注，朱杰勤校订：《中西交通史料汇编》，中华书局 2003 年版。

14. 郑明、田小川：《中国古代造船科技六大发明》，《船舰知识》2007 年第 7 期。

李新烽，中国社会科学院西亚非洲研究所副所长、研究员、博士研究生导师。出版《非洲踏寻郑和路》（中、英文版）、《郑和与非洲》等著作，发表中英文学术论文20余篇。人民日报社前驻南非首席记者，足迹遍布非洲大陆。其作品获中共中央宣传部第十届精神文明建设"五个一工程奖"、第十六届和第二十七届中国新闻奖、中国社会科学院2012年和2016年优秀对策信息一等奖、外交部2013年和2016年中非联合交流计划研究课题优秀奖等十余种奖项。

郑一钧，中国科学院海洋研究所研究员。国家郑和下西洋600周年纪念活动筹备领导小组顾问。出版专著及主编、合著学术著作28部，发表学术论文50余篇。专著：《论郑和下西洋》（修订版）、《郑和全传》《郑和下西洋资料汇编》（与父亲郑鹤声教授合编，1992年获全国首届古籍图书整理二等奖）等。

中国社会科学院西亚非洲研究所是根据毛泽东主席的指示于 1961 年 7 月 4 日创建的多学科综合性研究所，是目前中国规模最大、研究力量最集中的中东、非洲问题研究机构和智库。该所研究对象涉及中东、非洲 74 个国家和地区，重点研究当代中东、非洲地区，各国政治、经济、社会、民族、宗教、法律以及大国与中东、非洲，中国与中东、非洲等国际关系问题。主办学术期刊《西亚非洲》（双月刊），主编综合性年度研究报告集《中东黄皮书》和《非洲黄皮书》；主管中国社会科学院海湾研究中心和中国社会科学院西亚非洲研究所南非研究中心。全国性学术社团中国亚非学会和中国中东学会挂靠于该所。中国社会科学院研究生院西亚非洲研究系设在该所，招收和培养中东和非洲政治、经济和国际关系等专业方向的硕士和博士研究生，为国内中东非洲研究培养专业人才。经过近 60 年的发展，西亚非洲研究所已逐步成为国内外中东非洲研究领域的知名学术机构。

中国社会科学院国际合作局是负责组织推进全院对外学术交流合作的职能部门。中国社会科学院对外交流合作遍及 100 多个国家和地区，同海外 160 余个机构建立了协议交流关系，其中主要是各国科学院、国家级科研机构、高端智库、知名学府以及重要国际组织。对外学术交流的形式主要有学者互访、举办国际研讨会、合作研究、培训、出版等。近年来，每年中外学者互访达 5000 余人次，举办国际性学术会议 150 余场。与 10 余个国家的科研机构共同组织开展合作研究项目。近五年来，与国外知名学术出版社合作，对外翻译出版学术著作 700 余部。印行《中国社会科学》等 16 种英文学术期刊。在海外已建立形成中国研究中心网络。

中国社会科学出版社成立于 1978 年 6 月，是由中国社会科学院主管的一家以出版哲学社会科学学术著作为主的国家级出版社。1993 年首批荣获中共中央宣传部和国家新闻出版总署授予的全国优秀出版社称号。中国社会科学出版社成立 40 周年以来，出版了大量人文社会科学学术精品，图书先后获得国家图书奖荣誉奖、国家图书奖、中国图书奖、中国出版政府奖图书奖、"中国好书"奖、中华优秀出版物奖、"三个原创一百"图书奖和全国优秀通俗理论读物奖等国家级奖励。在南京大学中国社会科学评价研究院发布的《中文学术图书引文索引》中，中国社会科学出版社图书被引综合排名在全国近 600 家出版社中位居第四；在中国文化走出去效果评估中心发布的《中国图书海外馆藏影响力研究报告》中，中国社会科学出版社海外馆藏影响力位列第一。近年来，中国社会科学出版社在《剑桥中国史》《中国社会科学院学者文选》等传统图书品牌的基础上，打造"中社智库"丛书，《理解中国》丛书、《中国制度》丛书等出版品牌，已经发展成为我国马克思主义理论的重要出版阵地、哲学社会科学出版重镇、国家高端智库成果的重要发布平台和中国学术"走出去"的主力军。